出口アヤ
Aya Deguchi

Love Yourself

“わたし”の心と身体を癒して、
自分らしく、しなやかに生きる!

Clover
クローバー出版

真の美しさを手に入れたいあなたへ
あなたはもっともっと綺麗になれる！

これまでエステティシャンとして多くの女性の身体と向き合ってきた中で、

✧友人のキラキラ輝く笑顔のSNSをうらやましく見ている
✧私なんて……が口グセ
✧自分よりも家族や他人を優先して自分のことは後回し
✧最近は何をするにも億劫
✧年齢も重ねてきたし、自分にはもう魅力なんてない

こんな方々に多くお会いしてきました。

でも、どこかで、皆さん

もっと綺麗になりたい！

という思いを持っていることにも気づきました。

そんな気持ちに蓋をしないで！
あなたにはあなたにしかない素晴らしい魅力がたくさんあります。

毎日頑張っているあなた、
今日から自分を磨くための時間をとってみませんか？
自分ファーストで過ごしてみませんか？

かたい鎧をまとうのではなく、
天使のような柔らかなヴェールをまとって
毎日を軽やかに、キラキラ輝いて過ごしていきましょう。

はじめに

あなたにとっての「美しさ」とはなんですか？

均等の取れた目鼻立ち、シミやシワのない美肌、小顔で9頭身のプロポーション、絹糸のような艶やかな黒髪。

もちろんこれらは、女性であれば憧れる、美しさの要素なのかもしれません。


けれども、「美しさ」とは必ずしも、目に見えるものだけではありません。

エレガントな立ち振舞い、ありのままのナチュラルさ、凛とした態度や姿勢、心のこもった思いやりなどを見て美しいと、感じることもあります。


同じ景色を見ていても、美しいと思える人もいれば、退屈と感じる人もいます。

同じ出来事でも、ポジティブに捉えて前進する人もいれば、ネガティブに捉えて立ち止まる人もいます。

もちろん、美しいものを美しいと感じることができれば感覚器官は喜びますし、ものごとをポジティブに捉えることができれば、不安や悩みが少なくなり、毎日を生きやすく感じることでしょう。

でもそもそも、この価値観の違いは、いったいどこからくるのでしょうか？

その答えは、どうやら私たちの心の奥底にある、「潜在意識」に関係しているようです。


申し遅れました。この本の著者、出口アヤと申します。

わたしは健康美容業界に従事し、今年で30年目になります。

はじめはエステティシャンとしてスタートし、施術者としての活動以外にも、店舗の責任者、スタッフ教育、店舗のプロデュースや運営、コンサルティング、セミナー講師、講演活動など、様々な形で、この業界に携わらせていただいています。

今まで約2万人の方を施術し、「セルフエステ美容メソッド」においては、イベントや講演会で、延べ2万人を動員。合計すると約4万人以上の方へ「美と健康」を、提供してきました。

近年では、化粧品プロデュース（SELF-LOVE all in one lamellar massage gel）や美顔器の監修（造顔筋マチュア）なども行う傍ら、潜在意識を変容し、自分自身の力で美しく自由な未来をクリエイトする、（Natural Leading Session）も、行っています。

この30年間、美容健康業界に身を置き、数え切れないほどの経験をさせていただき、心と身体、魂の繋がり、本当の美しさに必要なものは何なのかを追求し続けてきました。その結果、真の美しさの形成には、潜在意識が深く関係しているということに、辿り着いたのです。

わたしがまだ美容学校の学生だった頃、一番初めの授業で「ブツ（吹き出物）は心のブツ（心の不満）」ということを教わりました。

心と身体は常にひとつだということを念頭に置き、表面的なケアだけでは症状を改善することは難しく、同時に内側をみていくことが大切なのだということを学んでいくのです。

ですから一流のエステティシャンは、施術前のカウンセリングを特に重要視します。

どのような環境下にいて、それによってどのような精神状態であり、どのような症状が現れているのか？

心と身体のバランスを見ながら、最善のお手入れ方法を、提案していきます。

美容というと、メイクや化粧品、エステのケアなどの表面的なケアを重視するように思われがちですが、それよりもっと大切なことは「思考（マインド）」と捉えているのです。

いくら高級な化粧品を使ってケアをしたとしても、自分自身が「わたしなんてキレイになれっこない」と思っていたら、美しく変化することは難しいということはどなたも想像できるのではないでしょうか。

姿形は絶世の美女でも、潜在的に自分自身を否定していたら、魅力は伝わらないです。

一方、ありのままの自分を認めて自分自身を尊重できている人は、どうでしょう？

人の心を掴んで離さないほどの魅力に溢れている人が、多いのではないでしょうか。

このように、心の中で思っていることや感じていることは、形はどうであれ確実に外側に表面化してきます。

これはつまり、自分自身が今見ている現実世界と関係してくることにもなるのですが、私たちの見た目（外見）にも影響してくるものです。

今回は、内側（マインドや潜在意識）と外側（外見や現実世界）の繋がりやバランスについて、そして美しさには内側を整えることが重要だということを、皆さんに知っていただきたく筆を取りました。

身体やお肌は、あなたの内側である思考（マインド）でつくられています。

いえ、あなたという人間性や、あなたの人生そのものもそうだといっても、過言ではありません。


心も身体も健康で美しく、自分らしい人生を、自由に楽しく過ごす。

すべての女性たちが、そんな風に自分の人生を過ごしてもらえたら。

そんなことを考え、その近道となるヒントを、お伝えしていきます。


さぁ、わたしと一緒に、「真の美しさ」の扉を、開けていきましょう！

出口アヤ

Contents

Chapter 1

頑張りすぎているあなたへ

Chapter 2

ご機嫌な自分で過ごす美習慣

Chapter 3 人を魅了する美しい表情としぐさ

Chapter 4 過去、現在、未来はつながっている

本文イラスト　はやさきちーこ
アートディレクション　日高啓子
本文デザイン　ｍｉｋａ
本文ＤＴＰ　株式会社ユーホーワークス
校正　永森加寿子
株式会社ＢＡＬＺ
編集協力　金本智恵（サロン・ド・レゾン）
編集　蝦名育美

Chapter 1

頑張りすぎている あなたへ

20歳の顔は自然の贈り物
50歳の顔はあなたの功績

——ココ・シャネル

かたい鎧《よろい》を脱いで、レースのようなヴェールをまとう！

はじめにでもお話ししましたが、私は長年エステティシャンとして働いていました。仕事に全力投球していた頃の私は、自分にも仕事にも厳しく、完璧主義。とにかくピリピリしていたと思います。

頑張った甲斐があり、確かにキャリアアップはできたけれど、常に鎧を着て、いつでも戦闘に臨めるような状態。心はいつもギスギスして余裕のない状態でした。張り詰めて余裕のない姿は、周囲から見ても一目瞭然だったでしょう。さらには、上司に正論で楯突いたり、「あの人は○○だからいけない」「○○は正しくない」などと判断を下し、自分でも知らぬ間に、ジャッジ癖がついていたと思います。

ものごとを「善か悪か」「白か黒か」「敵か味方か」などの、二極思考で見ることは、結果的に自分自身を苦しめます。たとえ闘いに勝ったとしても心の平穏は訪れず、あるのは空心にすぎません。

なにより、いつも誰かや何かと闘っている状態で、しかも闘いに勝つまで止めない……。これって、余計なエネルギーを消費することになり、心身ともに疲弊してしまいますよね。闘うのではなく、すべてを受け入れて認めることを始めた時、初めて心の平穏は訪れるものです。

一方、ガチガチの鎧を着ていた私とは逆のオーラをまとっていたのが、お客様でした。お客様はモデルや女優、プロスポーツ選手など、いわゆるＶＩＰと言われる方も多かったのですが、彼らは柔らかく、透明感のあるヴェールをまとっているような美しさを持っていました。

美に対する姿勢、時間の捉え方、人との付き合い方、お金の使い方……すべてにおいて「余裕」がありました。

今、この本を手にとってくださった方も、もしかしたら、かつての私のように、堅くて重い鎧をガチガチにまとっているかもしれません。

でも、その鎧を脱ぎ捨てることができたら……これまでの余裕のなさから解放され、毎日を軽やかに過ごせるはずです。

もちろん、長年着込んでしまった鎧を脱ぐのは、ヌードになるくらい難しいことかもしれませんし、長年着込んだ鎧ですから、脱ぎ方を忘れてしまっているのかもしれません。

しかし、それは、自立して自分の足で一生懸命に進んできた、それだけあなたが真剣に生きてきた証拠なんだということを、いったん認めてあげましょう。

あなたは十分に頑張っています。張り詰めた心身の力を抜いて、もっと楽に柔軟に考えるようにしていきましょう。

必要以上に身を守る堅い鎧を脱ぎ捨て、ジャッジしない、フラットな心でいる癖をつけていくことで、毎日がキラキラと輝き出すはずです。

この世で最も美しい衣装は、
自信というベール

――ブレイク・ライヴリー

しなやかな生き方の鍵は手放すこと

妥協を許さず、完璧を目指すあまり、0か1かのどちらかである「ゼロイチ思考」に陥りやすい方も多くいらっしゃいます。

誰かと協力してやるよりも、自分で行ったほうが完璧を目指せるからと、自分一人ですべてを進めようとし、人から「何か手伝おうか？」と手を差し伸べられても、「平気！　大丈夫」と、明るく断ってしまう……そんなことはありませんか。

責任感があり、真面目な人に限って、たとえ、心の中で「つらい。もうだめ」と感じていたとしても、人からの手助けを素直に受けることができません。

少し厳しく聞こえるかもしれませんが、この心理にあるのは、できない自分を認めたくないから。

でも、ちょっと考えてみましょうか。

今、あなたは限界を感じながらも「これはわたしの仕事だから」と、一人で仕事を抱え込んでいたとします。

遅くまで頑張って調べたり、資料をまとめたり……でも、本当はチームで協力していくことで、生産性も作業効率も、結果ももっとよいものになっていくとしたら？

もしかしたら、あなたの意地や価値観を優先することで、周囲の人たちの仕事にも支障を来しているかもしれないのです。つまり人を頼れないことで、周囲を困らせている可能性があるのです。


それに「誰にも頼りません！　わたし一人で解決します！」という人、相手の視点から見ると、ちょっと近寄りがたいですよね。

相手からしたら「協力したかったのに、冷たく断られた」と、感じてしまうかもしれません。

また、「あんなふうに断らなくてもいいのに。感じ悪い！」なんて思われてしまうかもしれません。そんなふうに、差し伸べられた手を払うということは、もしかしたら知らないうちに誰かを傷つけているかもしれないのです。


人は一人では生きていけません。そして、誰かと支え合って成長していくものです。

頼る、甘えることは、決して恥ずかしいことではなく、相手への信頼でもあります。

ですから、自分のキャパがいっぱいになっているのならば、「これが苦手なので助けてください」「手伝ってください」と助けを求めてみることから始めてほしいのです。

それに、誰かの力を借りることで、それが自分自身の気づきにもなり、スキルアップにもつながっていくはずです。

強がりを手放して誰かに頼ってみるということを受け入れると、あなたに向けられた愛にも気づくことができ、周囲への感謝も高まるでしょう。

本当に強い人は自分の弱さを認めて、「助けて」が言える人です。

勇気を振り絞ってこの言葉が言えた時、まるで心の中にあたたかい光が灯り始めるように、あなたの心を優しく穏やかに包み込んでくれるでしょう。

自分を品よく美しくしたいなら、
美しいものや崇高なものを尊び
清らかな心を持つことが大切です。

――ジョセフ・マーフィー

しがみつかない、自由な私になる！

古くから、髪を切ると厄落としになるという考えがあります。髪をカットすると、なんだか気持ちまでスッキリ、軽やかになりませんか？

しかし、私たちは「自分にとって必要がないかも」というものを、なかなか手放せないものです。手放せば楽になるのに、日常生活の中で凝り固まった想念を、知らず知らずのうちに、溜めこんでしまっているのです。

手放し、環境を整理することの重要性は、人間関係でも言えることです。ご近所付き合いやグループ行動で疲れていたり、変な競争心で、無理やり誰かに勝とうとしたり……。また、執着心から、過去にしがみついたり……。このように私たちは、多くのものにしがみついているものなのです。

しかし、苦しみは「執着」から生まれます。依存心や執着から過去にしがみつくことは、多くの不幸を生むことになるのです。なので、まずはしがみついているものを手放すことが大切です。

執着を捨てることによって、余分な物が削ぎ落とされ、自分に必要な物だけが残ります。そうすることで自分の本当に大切にしたい価値観がわかり、自分を受け入れることもできるようになります。すると、本来持っているあなたの魅力はどんどん引き出され、内側から輝き始めるのです。

人の価値や魅力をみつけると、自分のことも愛おしくなる

「あなたの価値や魅力は何ですか？」と質問されたら、自信を持って「これ！」と、答えることができますか？

日本人は奥ゆかしい国民性ということもありますが、世界的に見ても、まだまだ「自己肯定感」が低く、自分の魅力をすっと答えられる人は少ないのかもしれません。「人より抜きん出た才能があるわけでもないし、ごく平凡に生きてきたから」と、自分に自信を持つことができずにいる人は多いものです。

また、過去に否定され、認めてもらえなかった経験があると、その経験に囚《とら》われ、自分の存在価値を見出せなくなってしまいがち。でも、自分の価値や魅力に自信を

持って生きていくのと、自分には何もないと思って生きていくのとでは、人生が大きく変わってきます。

私が担当していた一流のモデルさんや女優さんは、常に自信に溢れていました。もちろんコンプレックスは皆さんありましたが、でも、「わたしはわたし」という確固たる自信を持っていらしたように思います。

その自信が、まわりの人へも気遣いができる〝余裕〟につながっていたと思います。どの方も、ご自身のケアにいらしたのに、エステティシャンのわたしのことも気遣ってくれ、いつもとびきりの素敵な笑顔でたくさんのお話をしてくれました。

美と心はつながっている。以前から思っていたことは間違いなかったと実感できました。

今、わたしは美容や心の仕事をしていますが、「どうやって自分の魅力をみつけたらいいでしょうか?」という質問を受けることが多くあります。

髪型やファッション、見た目を新しく変えるだけで、その時は嬉しく自信にもなりますが、服を脱いだ瞬間、メイクを落とした瞬間から、また元の自信のない状態へと戻ってしまいます。つまり、マインドに変化をもたらさない限り、真の魅力を手にすることはできないのです。

そこでわたしはクライアントさんに対し、「人の価値や魅力をみつける練習をしましょう！」と、提案しています。自分のものではなく、「先に相手の魅力を見つけるの？」と不思議に思うかもしれませんね。でも、このワークは想像以上に心に変化をもたらします。

たとえば、あなたは、いつも支配的な態度の上司が苦手だったとします。「こちらの言い分を聞かず、最初から決めつけた態度をとる」。これは確かに上司の欠点かもしれません。

でも、別の角度から見ると「経験や知識に自信を持っていて、決断力に優れた、リーダーシップのある人」とも言えるのです。

・支配的な人↓リーダーシップがある人
・頑固な人↓意思の強い人

・おせっかいな人↓面倒見がいい人

このように、短所を長所の言葉へと変換してみることで、相手への見方が変わり、あなたの視野は広がります。


長所と短所は表裏一体です。

人の悪いところを先に見るのではなく、よいところをみつけていく習慣をつける。

これは、自分自身の内側にも、ポジティブに働きかける行為です。なぜなら、今まで「自分のここが嫌」と思っていた部分も、長所として変換できるようになるから。

そうやって人の「よいところ探し」が自然にできるようになると、あなたが日頃口にしている言葉や行動にも変化が出てきます。

感謝、労《ねぎら》いの感情が増え、自然と相手への見方が変わってくるのです。すると自分でも気づかないうちに人間関係も円滑に進んでいくようになります。

人間関係が円滑になり、毎日の生活に余裕が生まれることで、自分への愛おしさもさらに増していきます。

嫉妬は所有ということから来る
悪癖である。

——ジャック・シャルドンヌ

嫉妬、妬《ねた》みとのつき合い方

前項で、人のよいところを探していきましょうというお話をしましたが、人は神様ではありませんから、どうしても相手へマイナスの感情を抱くこともあります。その一つが、嫉妬。

嫉妬って苦しいし、厄介だし、自己嫌悪にも陥るし……できるならばしたくないですよね。でも、嫉妬心は誰もが持つものなので、必要以上に問題視する必要はありません。ただ、とても複雑で繊細な感情でもあるので、理解して扱うことが大切になってきます。

もしあなたが今、嫉妬にかられているなら、とても苦しいですよね。でも、そんな時、自分はどんな顔をしているか、ご存知ですか?

憎しみや恨みの感情を持ち続けていると、必ずといっていいほど表情や雰囲気に表れてきます。嫉妬でいっぱいの時は、鏡で自分の顔を覗《のぞ》いてみましょう。顔つきがキツかったり、暗かったり、人を寄せつけないような表情になっているはずです。たとえ目に見えなくても、そんな強烈な感情は、他人からすれば負のエネルギーが渦巻いているかのように感じるもの。

実際に嫉妬心に支配され、他人を攻撃し、醜い行為を行えば、人を遠ざけることになり、やがては自分の身に降りかかることにもなります。それって、幸せな人生とは程遠いものではありませんか？

このようにマイナスイメージの強い嫉妬心ですが、じつは、ポジティブに変換できるものでもあります。

たとえば、あなたの友人に、仕事もパートナーシップも、何もかもうまくいっていそうな人がいたとします。あなたはその友人に対して、「いつもおしゃれなレストランで食事をしていて優雅ね」「パートナーも素敵な人だし、羨ましいなぁ〜」という嫉妬心が湧くかもしれません。

じつはこんな時、自分が何に対して「嫉妬」しやすいのか？　を観察してみることで、自分の本当の望みや夢が見えてくることがあります。というのも、誰かへの嫉妬心は、その相手の価値を見出しているからこそ起こるものだから。

そして、とても大切なことをお伝えしますね。

相手の中に見たその「価値」というのは、じつは自分が本来持っているものでもあるということ。これは「鏡の法則」と呼ぶこともあります。

この法則は、他者の行動や感情が自分に対して反映されるということ。潜在意識の中の大量の思考の中に、「本当の望み」としてあったものが、他人によって見えてきたと考えられるのです。

心の奥底にあった「本当の願い」を捉えることができれば、やがてそれは顕在意識とつながり、現実化されやすくなります。つまり、本当の望みを知ることができ、加速度的に夢を叶えていくことができるかもしれないということなのです。

そういう見方をすれば「嫉妬」は夢を叶えるための大切な感情の一つ。ポジティブな感情ともいえるのではないでしょうか。

しっかりと自分自身の「嫉妬心」と向き合い、それをパワーに変え、大人の女性として内面から美しく成長していきましょう。

人の行いでもっとも美しいのは、
人の役に立つことである。

――ソポクレス

GIVE & TAKEではなく、ときにはGIVEだけでも喜びを！

現代はSNSの影響などもあり、人間関係で悩んでいる方も多くいらっしゃいます。そして、そんな悩みを抱えている方がよくおっしゃるのが、「私は○○さんのためにやってあげているのに、○○さんは何もしてくれない。感謝もしてもらえないので、悲しい気持ちになる……」というもの。

これは恋愛でも同じかもしれません。私ばかりが彼に尽くしている、彼は私に何もしてくれない……。たしかに自分ばっかり……と思うとつらくなりますよね。

「ギブ・アンド・テイク（GIVE & TAKE）」という言葉があります。仕事でも恋愛でも、よく使われる言葉かもしれません。これは自分が相手に利益を与え、自分も相手から利益を得ることであり、持ちつ持たれつの関係であることを指します。

人間関係は基本的に「ギブ・アンド・テイク」で成り立っているものではありますが、これが崩れているように感じている人が多いのかもしれません。

ギブ・アンド・テイクのギブから、与える人を〝ギバー〟といいます。相手が何を求めていて、何が利益となるかを中心に考えられ、与えることができる人をいいます。

一方、ギブ・アンド・テイクのテイクから、奪う人を〝テイカー〟といいます。

常に自分が他者より有益になるように考え、相手のことよりも自分の利益を優先して、奪おうとする人を指します。

ギバーは他者への「共感」や「貢献」がベースにありますが、テイカーは人から時間や労力を搾取し、「自分の利益」や「受け取る」ことを中心に考えるタイプ。

自分だけ一方的に利益を得ようとする、「クレクレ星人」と呼んだりもしますね。


ビジネスでも恋愛でも、「与える人は成功する」といわれています。

経営の神様といわれる松下幸之助さんも、「人間として一番尊いものは徳である」という言葉を残しています。

与える精神の人のまわりには、同じように多くの与える人たちが集まり、そうして情報やお金が集まって、事業が大きく成長していくのかもしれませんね。

実際、長年お客様に愛されるお店や、いつの時代も業績を上げている企業、長年芸能界で活躍している人などを見ても、周囲に与えることを意識した人が多いように感じます。

ギバーの人はギバーの人を引き寄せ、その中から人間関係や運など、よいエネルギーの恩恵が、巡り巡って自らへ還元されてくることを知っています。ですから、自分の利益のみを追求するテイカーが近寄ってきても、そういう人とは上手に距離を置き、つき合わないようにする能力にも長けています。

また、自分の限界まで相手に尽くさないということも知っています。なぜなら、無理をして相手に尽くしても、それは、自分はもとよりまわりの人も幸せにできないということを理解しているからなのですね。

誰かに何かを与えたいと思うのであれば、まずは自分の心を満たすこと。自分を大切に扱えるからこそ、人にも与える余裕を持て、人を大切にすることができるのです。

とはいえ、お金も時間も余裕ないし……という方もいらっしゃるかもしれませんね。

でも、「ギブ」は何もお金や時間をかけなくてもできます。

身近な人へはもちろん、顔も知らない相手に対して、できることもあるのです。ボランティアに参加したり、人の役に立つことをしたり、自分の経験を使って学びを与えたりすることもそうでしょう。

みんなが使う職場を掃除し、トイレが汚れていたなら片付けるなどすれば、綺麗になって、みんなが気持ちよく使用できるようになるのですから、これも与えることにつながります。

また、自分の行ったことが誰かを笑顔にできる。そして自分の行動が、世のため人のためになっているとイメージすることで、自分の気持ちまで豊かになります。

そして、あなたの身近にいる人が、幸せで満ち足りた日々であるように祈る。

こうした思いは、目に見えない波動となって相手にも伝わり、その人の周囲へもよい影響を与えることがあります。

とはいえ、人間ですから、悔しいことも悲しいこともあるでしょう。

なぜ私ばかり……と思うこともあるかもしれません。

人間関係で悩み、自分ばかり与えている……そう思ってしまう時は、自分の行動が誰かを笑顔にしている、自分は誰かの役に立っている、そう考えてみてはいかがでしょうか。

ギブの心は、あなた自身の幸福度も向上させ、満ち足りた心を作り出します。

葉の隅に輝く一滴の雫（しずく）にも、
ダイヤモンドの美しさがある。

――ロバート・バーンズ

「直感力」を高めて人生を選択する力を養う

ＳＮＳをはじめ、現代は情報に溢れています。そんな時代を生きる私たちが失いつつあるものがあります。

それは、本来誰しもが持っている「直感力」です。何となく嫌な感じがする場所や部屋、「虫の知らせ」といわれるようなものを、感じとったことはありませんか？

それは、自分の身を守るために出してくれている「直感力」というサインなのです。

ところが、文明が進むにつれて、私たちは、視覚、聴覚、嗅覚、味覚、触覚の五感を超える、鋭く物事の本質をつかむ心の働き、いわば「直感」を使うことが極端に減りました。

「気配を察知する」「身体的に感じる感覚に意識を向ける」「相手の意図を読みとろうとする」など、そういった感覚を使うことが圧倒的に少ないためでもあります。

直感力が高い人は、感受性が豊かで、洞察力に優れています。そして、人の気持ちに共感して、相手に寄り添い、理解する能力にも長けています。

また、直感力は女性のほうが強い傾向もあり、その理由は、男女の脳の使い方によるものと考えられています。一般的に女性は右脳が優位であり、感受性が豊かと言われています。人間の脳は左脳と右脳にわかれていて、右脳は直感力や感情、感性など、芸術的なクリエイティブ脳または、女性脳といわれます。女性の勘が鋭いというのは、脳の仕組みからもいえることなのでしょう。

人生は選択の連続です。その中で本能的に自分にとっての良し悪しを選択できる、高い直感力が備わっていれば、危険を回避し、自分の選択に自信を持って、迷いなく未来を進んでいくことができるでしょう。ですが、冒頭でもお話ししたように、現代人は直感力が弱ってきています。

意識を傾けなければ、直感力は弱る一方です。たとえば、身体の調子が何となくおかしい場合、その情報を感覚でキャッチせず、考えることで抑制することが続いたとします。

「何となく今休まなければいけない気もするけれど、大事な仕事を抱えているし、そんなこと言っていられないわ！」。心当たりのある人もいるかもしれませんね。

でも、感覚的な情報を無視していると、直感力はどんどん鈍くなり、体調不良は、ある日重大な病気となって現れることだってあるのです。

また、直感力の最大の敵は、「他人の目」です。

「こっちを選んだほうが変に思われないから」「こちらのほうが常識的だから」など、空気を読んで人に流されてしまうこともあるかもしれません。でも、他人の目に振り回されるようになると、別の自分を演じることになり、本来の感覚が鈍ります。

「自分にとって、どちらが最善なのか？」の取捨選択をしていくことは、本当の自分に繋がるためにとても大切なこと。

そして、「どんな選択の自分も信頼すること」ができるようになると、迷いや不安も打ち消すほどの、メンタルを作ることができるようになります。

自分の感覚を信頼し、直感力を磨けば磨くほど、人生においてよい選択ができるのです。何か重要な局面に突き当たった時でも、迷うことなく、自ずと進むべき道は見えてきます。自分の直感を確かなものにして、最善の道を進んでいきましょう。

美しくなる秘訣は、自分に感謝すること。
そうすれば自然と美しくなるものよ。

――ゾーイ・クラヴィッツ

あなたを輝かせる思い込みの魔法

「自分はこうなるのではないか」と思い込んで行動していると、実際にその通りの現実になる。これを心理学概念で、「自己成就的予言」といいます。

「思考は現実化する」「引き寄せの法則」と、同じように考えることができます。

生きとし生けるものはすべて、歳を重ねて老いていくわけですが、「私はもう歳だしダメだわ」と思って毎日を過ごすのか、「年齢はただの記号」と思って生きるのとでは、見た目はもちろん、体力、気力、活力などに雲泥《うんでい》の差が出てきます。

たとえば、「自分はもう歳だ」と思っている人は、行動や可能性を自分で制限してしまっている状態です。興味や関心があっても、年齢のせいで諦めることも多いのではないでしょうか。

一方、年齢を気にしない人は、「年齢を重ねればシワがあるのは当たり前」と思えますし、「それよりも経験が増えることで、人間的深みが増す」とプラスに考えることができます。つまり、考え方次第で、「年齢を重ねながら、どう生きていくか？」

が、大きく変わってくるのです。考え方（思考）は、あなたの思い込みによって創られています。思考を否定的にも肯定的にも活用することができるのならば、「思い込みをうまく利用するに越したことはない！」と思いませんか。

もしあなたに、否定的な思い込みがあるのならば、思い込みを外す魔法をかけ、肯定的な思い込みへと、ビリーフチェンジしていきましょう。

「どうせ歳だし」「今からやっても無駄よ」「もう若くないから無理」「おばさんだから」……知らず知らずのうちに、こんな言葉が口グセになっているかもしれませんが、こういった否定的な口グセを、今すぐやめましょう。

なぜなら、言葉には力があり、口に出すことで現実になるからです。

言霊《ことだま》という強力な力

皆さんは、言霊という言葉を聞いたことがありますか？

言霊とは、言葉には内在する力があり、言葉を発することでその力が発揮されるという考えに基づいた考えです。

つまり、ネガティブな言葉にはネガティブな言霊が潜んでおり、ポジティブな言葉にはポジティブな言霊が秘められているということです。

ですから、もしあなたが若くいたいと思うなら、たとえ根拠がなくても「同世代に比べて自分は若い！」と口にすること。何度も繰り返し言葉にすることで、根拠のない自信が形成されていきます。

たとえ根拠のない自信であっても、それは言葉によってとても強い力を持ち、現実化していくのです。それほど思い込みの力は、強力なものなのです。

「そうはいっても、鏡を見たら無理でしょ」、そんな声も聞こえてきそうですね。

もちろん、思い込む前にブロックがかかってしまえば、「思い込みの魔法」を使うことはできません。ブロックを外すためには、若いと思い込めるような行動を、意識的にとることが大切になってきます。

毎日小さなことでもいいので、ワクワク、ドキドキするような、心が動かされること、感動をとり入れていきましょう。

たとえば、好きな花を飾ってみる、リラックスできるアロマキャンドルをたいてゆっくり過ごす、ホテルのラウンジでゆっくりお茶をする……そんな、いつもとは違う非日常を取り入れることで、気持ちが高まり細胞まで活性化します。

若さを意識して行動することで、ストレス耐久度が高くなり、病気の発生率も低くなるというデータもあるほど、意識して過ごすことには大きな影響があります。

アメリカの哲学者・心理学者のウィリアム・ジェームズは、

「心が変われば行動が変わる。行動が変われば習慣が変わる。習慣が変われば人格が変わる。人格が変われば運命が変わる」

といっています。

あなたは、どちらの魔法をかけますか？

どういう魔法をかけて、どう生きるかはあなた次第です。

Column

褒められた時は素直にありがとうを！

あなたが言われたい言葉はどんな言葉でしょうか。もちろんプラスの言葉ですよね。

しかし、無意識に相手の言葉を否定し、自分の心にもマイナスの暗示をかけていることがあるのです。それが褒められた時。

相手に褒めてもらったとしても、恥ずかしさや謙遜から、

「そんなことないですよ」「いやいや私なんか……」

などと返事をしてしまうことはありませんか？

これもマイナスな発言に当てはまります。

せっかく褒めてくれたにもかかわらず、このような反応では、相手もがっかりしてしまいます。

褒めてもらえた時には、素直に「ありがとう」

と感謝の気持ちを伝えることで、相手も嬉しくなるはずです。また受け取るばかりでなく、あなたも誰かの魅力的な部分を褒めてあげるようにしましょう。

言葉には人生を左右するような大きな力が宿っています。

言葉を意識して使うことによって、未来も大きく変えていくことができるのです。

女の美しさは力であり、
微笑はその剣である。

——チャールズ・リード

自分を労わる習慣を持つ

女性の社会進出が進み、仕事も家事も育児もこなす女性が増えました。

1日24時間という限られた時間の中で、「仕事」も「家事育児」もこなすのですから、自分のための時間が少なくなるのも頷けます。

ただ、頑張る女性たちは、お子さんや旦那さん、誰かのためという思考が優先し、頑張っている自分に対して「労いや慈しみ」を与えていない人が多いです。

ついつい自分を後回しにするクセがついているため、どうしても自分をぞんざいに扱いがちになってしまうのです。

それどころか、いつも全力投球で頑張ってきた方の中には、自分を癒すための時間を「悪」のように感じる方もいらっしゃいます。

そのような方は、今までの習慣を大きく変えるのではなく、「ほんの少しだけ自分を大切にしてあげる」といった意識を、取り入れてみてほしいのです。

いつもより丁寧にセルフケアをするのもいいですし、瞑想を行うのもいいでしょう。

お笑い番組を見て、大笑いするのもいいですし、趣味の学びを深めるのもいいですね。

「1日のうちの数分間は、自分のためだけの時間を過ごす」、これを意識して行うのと行わないのとでは、心の充足度に大きな変化が生まれます。

日々の充実度が増せば、あなたの気持ちはぐっと楽になるはずです。イライラして感情的になることも少なくなり、穏やかな気持ちでいることが多くなります。すると、人を大切に思える心の余裕も生まれ、その気持ちは家族や職場、周囲の人たちにも広がっていきます。つまり、あなたの心の状態は、それほど周囲に与える影響力があるということなのです。

家庭ですぐにできる美を磨く極上エステ

テレビやスマホも見たいし、本も読みたいし、勉強もしたい！　あれこれしたいのに、忙しくて自分時間がないという人は、どうしても入浴タイムを削りがちに。

湯船に浸かるのはよいこととわかってはいるものの、いつもシャワーですませちゃうという人は、お風呂に入りながらできる〝ながら入浴〟を取り入れてみては？バスタイムは、楽しみながらキレイを磨くには最適な時間。今や、様々なバスグッズが販売されているので、自分に合ったものを探してみてくださいね。

私のおすすめは、バスタブトレーです。これ一つあれば、読書やアロマキャンドル、動画や映画を楽しむこともできます。もちろん湯船に浸かっている時間も無駄にせず、髪のケアも同時に行います。ヘアシートパックは湯船の中でスチーム状態になり、サロンに行ったような仕上がりを実感できるのでお気に入りです。

また、そこまで時間的に余裕がないという人も、マイクロバブルやウルトラファインバブルのシャワーヘッドに替えれば、肌や髪を洗うだけで高い洗浄力と保湿力が期待できます。

わざわざ美容のための時間を取らなくても、シャンプーをしながら頭皮マッサージをし、ボディークリームを塗りながらリンパマッサージをするなど、ちょっとした意識を持つだけで、十分な効果を感じられるはずです。

わたしは受講生にも入浴を強くおすすめしていますが、わたしが入浴にこだわる理由、それは入浴すると血液やリンパ液の流れが促進され、身体の中に溜まった老廃物や疲労物質が体外へと排出されやすくなるから。

また体温が上がることで新陳代謝が高まり、免疫力もアップします。そのため、健康で美しい身体を保ちたいなら、入浴は欠かせません。

「ながら」でできることは、ほかにも案外たくさんあるものです。

忙しいから自分のことはできない……ではなく、自分の生活に合わせた〝ながら美容〟をみつけ、それを習慣化できれば、「時間がないからできない」といったことも、少なくなってきます。

ゲーム感覚で、「ながら」を見つけるのも、楽しいですよ！

そして一番大切なことをお伝えをします。それは、できない自分を責めないこと！

「ながら」で少しでもできた自分を認めながら、続けてみてくださいね。こうして自分を労り、大事にすることで、心の余裕も生まれてくるのです。

入浴時に欠かせない！ Aya's Recommend

BE-MAX the SPA（株式会社メディキューブ）

大人の柑橘系ハーブ精油がふわりと香るとろりとしたやわらかな微炭酸湯。アルガンオイルなど11種類の保湿成分がやさしいベールとなってじんわりとカラダを包み込みます。

バストマッサージ用美容液
Bケアエッセンス
（一般社団法人日本バストケア協会）

美容成分約95%。バストのリフトアップ、ハリ弾力を取り戻すための高濃度処方。都内の有名ランジェリーショップでも販売されている実力派バストケアコスメです。

私は好きなことしかしない。
私は自分の人生を、
自分が好きなことだけで切り開いてきたの。

――ココ・シャネル

豊かさへの体質改善

起きたことは同じでも、それを「楽しい」と感じる人もいれば、「最悪」と感じる人もいます。

同じ出来事なのに、こんなにも捉え方が異なるのは、私たちの思考の違いです。そしてそれには無意識領域の95％を占める、潜在意識が関係していると考えられています。

潜在意識は多くの場合、0〜6歳までにプログラミングされ、多くの場合、幼少期の両親・兄弟との関係性や、その時期に感じた「思い込み」「信じ込み」によって形成されています。

基礎を形成するこの時期に、否定的な思い込みが刷り込まれると、大人になってからもネガティブな思考クセが残り続けてしまうのです。

しかも、潜在意識は無意識領域で自動的に発動され続けるため、その力は強力です。

「もっとポジティブに、物事を考えられるようになれたらいいのに……」

もしかしたら、そんなふうにいつもネガティブに考えがちな自分に対して、嫌悪感を抱いている人もいるかもしれませんね。でも、それは潜在意識の働きで、あなたが悪いわけではないのです。とはいえ、物事の捉え方次第で、見えている現実世界は変わります。これは、紛れもない事実です。

意識が変われば思考や行動にも変化が起こり、夢や願いは叶いやすくなります。

もし、あなたがネガティブな思考に囚われやすく、今の現実を変えたいと望んでいるのなら、次に挙げる3つの方法で体質改善をする必要があります。

●『豊かさへの体質改善』①「不足感」をデトックスする

私は綺麗ではない、お金がない、まわりの人と比べてうまくできることがない……「自分にはない」という不足感をずっと抱いていると、潜在意識は「不足している」という現実を作り出します。

たとえば「お金」に関して不足感を感じていれば、現実世界でも、いつもお金に困ることになってしまいます。反対に「豊かさを持っている」といった感覚があれば、その現実も同じように作り出されるのです。

潜在意識には、実際の貯金額や給料は関係ありません。ですから、「足りない」「持っていない」にフォーカスするのではなく、自分がすでに持っているものにフォーカスしていくことで、次第に現実世界は豊かに変化していきます。

●『豊かさへの体質改善』②なりたい自分のイメージを定期的にとり入れる

ネガティブな思考に囚われている時、わたしたちはついつい「こうなったらどうしよう」や「自分にはできっこない」など、否定的な現実をイメージしています。

潜在意識は良くも悪くも単純なため、あなたがいつもイメージしていることを現実化しようと動きます。ですから、心配や不安で「なりたくない現実」をいつも考えていれば、そのイメージも「現実化させなければ!」と働きかけてしまうのです。

ということは、どんなイメージを持てば望む未来に近づけるのかは、もうおわかりですよね。

なりたい自分を明確にイメージすることは、潜在意識の書き換えにとても有効です。

そこまで明確にイメージできないという人も、「こうなったら嬉しいかも!」「幸せかも」「楽しいかも」、そんなふうにイメージを膨らませてみてください。

とはいえ、時にはネガティブな思考に流されそうになることもあるでしょう。そんな時は、大きく手を「パンッ」と叩いて、思考を再起動させてみましょう。体感的な刺激は思考をチェンジさせやすく、新たな視点に目を向けやすくしてくれます。

●『豊かさへの体質改善』③ポジティブな言葉を投げかける

思考をポジティブに変換していくには、自分自身に対してポジティブな言葉を投げかけること。

スポーツで新しい技術を身につける時に、繰り返し同じ動きをトレーニングしますよね。

毎日続ける反復練習はやがて習慣となり、あなたの思考や行動に変化をもたらします。そして、言葉は思考に変化を起こしやすく、新しい思考の型をはめ込むには最適です。

たとえば、「私はできる！」「すべてうまくいっている」「わたしは愛されている」など、あなたにとって気分が上がったり、気持ちが「フワッ」と軽くなるような言葉を選び、毎朝出かける前に口に出します。

そして、職場でマイナス思考に押しつぶされそうになったのなら、トイレに行って、ポジティブになれる言葉を自分自身にかけます。

また、通勤電車でストレスが溜まっているのなら、心の中で、これらの言葉を呟きます。


小さくてもコツコツ続けるこの3つの方法は、潜在意識を書き換える最強の方法だということを覚えておいてください。

思考の体質改善をコツコツと続けることで、潜在意識も変わります。すると、マイナスの感情に囚われることもなくなり、ベストなタイミングであなたの叶えたい現実は実現されることでしょう。


第1章では、これまであなたの心を支配していたネガティブな感情をリセットする方法をお話ししてきました。

もちろんネガティブな感情が、すべてNGというわけではありません。悔しい思いがチャレンジ心を生むこともありますから、これらの感情も大事なものです。なので、無理に手放そうと頑張る必要はありません。

ただ、どんな時でも大事なのはいつでも「自分ファースト！」。

自分自身を認め、受け入れ、慈しむこと。マイナスの感情を持ってしまう自分を許し、認めること。これが大事です。


次章からは、日常生活の中で心と身体を心地よくほぐしていく方法をお伝えしていきます。

もちろん、できること、できないこともあるでしょうし、あなたに合うもの、合わないものもあるでしょう。

それを選ぶのも「あなた」自身です！

自分の感情と直感を信じて、毎日をハッピーに過ごしていきましょう。

Chapter 2

ご機嫌な自分で過ごす美習慣

朝のたったひとつの
小さくポジティブな思考が、
あなたの一日を変えることが
できる。

――ダライ・ラマ14世

一日のスタートである〝朝〟を変える

朝の時間、あなたはどのように過ごしていますか？

ギリギリに飛び起きて、バタバタと準備をして出かけている……そんな方も多いかもしれませんね。

ただ、もしあなたが自分を変えたい！　前向きに過ごしたい！　と思っているならば、まずは朝の過ごし方を変えてみませんか？

なぜなら朝は、自分のために使える時間を作りやすい時。また、睡眠でエネルギーチャージできていますから、効率よく脳が働き、集中力が高まる時間でもあります。朝こそ、勉強や習い事、読書などにピッタリのゴールデンタイムなのです。

それだけではありません。朝はマインドセットに最適な時間でもあるので、無意識の思考や行動パターンを変えることに適しています。何だかどんよりしている、不安……などの気持ちをすっきりリセットして、上機嫌に朝を過ごすことができれば、一日中気分よく過ごせ、仕事や家事など、生産性の向上も期待できます。つまり、朝の習慣を変えることで、一日が変わり、ひいては人生が変わる。といっても過言ではありません。もちろん一気に変える必要はありません。いつもの朝をほんの少しだけ変えてみる意識を持ち、自分の環境の中で、できることを探しながら、取り組むことがおすすめです。

では、わたしの朝の過ごし方を、参考までにご紹介しますね。

朝目覚めたら、天気にかかわらず、まずカーテンと窓を開けて光と空気を思いっきり感じます。

起床時に目から入ってくる光の情報は、幸せホルモンであるセロトニンの分泌を促し、ポジティブな気持ちになる上に、アンチエイジング効果も期待できます。

それから行うのが、今日一日を楽しく穏やかに過ごすための「イメージ瞑想」です。この間2度寝をしないように、念のため目覚ましは10分後にセットします。

心が落ち着いたら、次は5分間ストレッチで寝ている間に縮こまった体をほぐします。たった5分でも、細胞が目覚め、体がリラックスしていくのを感じます。

また、起きてすぐに水や白湯《さゆ》を飲むという方がいますが、これには注意が必要です。私はまずは歯磨き、そして、タングスクレーパーを使って、舌を磨くようにしています。

なぜなら、起床時の口内の細菌数は、寝る前と比べてなんと30倍！　すぐに何かを口にすると、お口いっぱいの細菌をそのまま飲み込むことになるのです。そして、鼻の粘膜にオイルを垂らし、鼻腔に溜まった雑菌やウイルス、汚れを取り除きます。

これは、アーユルヴェーダの浄化法「ナスヤ」という方法で、頭痛や花粉症・眼精疲労・首こりなど、首から上の不調によいといわれるデトックス法です。

鼻は唯一脳と直結している感覚器官です。朝一番に行うことで頭が冴えわたり、集中力が増すように感じられるのです。それに、瞳がキラキラ輝いて見えるので、病みつきです！

はじめは慣れないかもしれませんが、習慣になると、やらないと気持ち悪くなるほど、朝の快適さが変わります。

ぜひ、次ページでご紹介するおすすめアイテムを使って、あなたも朝の新習慣を始めてみてくださいね。

朝の美に欠かせない！ Aya's Recommend

銀製 タングスクレーパー（舌みがき）
（日本アーユルヴェーダ研究所）

熟練した職人さんが1本1本丁寧に手造りしたものを使っています。

タングスクレーパーの使い方

1 タングスクレーパーを両手で軽く持ち、舌の表面の「中央」⇒「右側」⇒「左側」というように3つのラインに分けて奥から前へと舌についた苔をかきだすようにやさしく動かします。

2 軽くうがいをして、タングスクレーパーをさっと洗い、水気をとってください。

ビューウェル　デンタルペースト ハーブ & クレイ セージ / レモングラス & ミント（グローバル プロダクト プランニング）

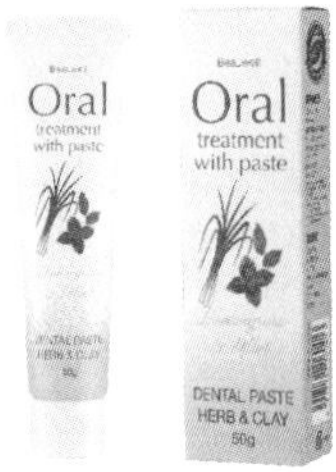

歯磨き粉はフッ素入りのものを避け、オーガニックで清涼感のあるものを選んでいます。虫歯予防効果などでフッ素入りの商品は多くありますが、海外や国内の一部ではフッ素が脳に蓄積して脳機能の低下が危惧されています。洗濯洗剤やシャンプーなど、無添加にこだわりたいのは山々ですが、すべて変えるには経済的にも負担。でも、せめて口に入れるものだけはこだわりたいという方には、おすすめです。

アヌタイラ（サフランロード）

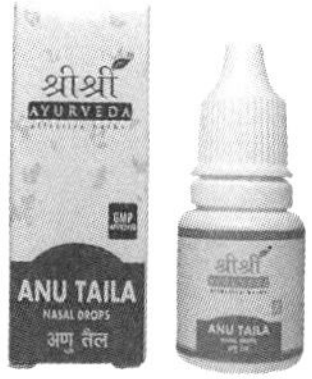

鼻の粘膜にオイルを垂らし、鼻腔に溜まった雑菌やウイルス、汚れを取り除く、アーユルヴェーダの浄化法。頭痛や花粉症・眼精疲労・首こりなど首から上の不調改善の他、黒い健康な髪を保持、抜け毛が減るといわれています。鼻は唯一脳と直結している感覚器官。この部分を浄化することによって、脳全体の健康の他、直感力や潜在意識の覚醒など、スピリチュアル的な力も養われると考えられています。

心が汚ければ、
すべてが醜く見える。
心が清ければ、
すべてが美しく見える。

――聖パウロ

自分にとって心地よい空間・時間で美を磨く！

朝は少しの時間すら惜しい、時間をかけずに、ラクにお手入れしたい！
その気持ち、よくわかります。54ページでも「ながら美容」のお話をしましたが、セミナーなどでも、何かのついでにやる美容法をご紹介しています。だって、続かないと意味がないですからね。

わたしは、朝の洗顔前には、鏡を見て、その日の肌の状態を把握します。「乾燥気味ではないか」「小鼻に汚れが溜まっていないか」など、肌観察を行った後に洗顔をします。

そして、肌の状態によって水の温度を変えたり、使う化粧品も変えます。
たとえば目元。小さなちりめんジワが増えているようならば、全体的に乾燥している状態です。

目元まわりをプッシュして血流をよくしてから、とろみのある化粧水、美容液、美容オイルなどをプラスして、保湿を丁寧に行うケアをします。

こんな時は外出時にも、サッとひと塗りで保湿のできる、スティック状美容液（77ページ）を持ち歩きます。特にスペシャルなケアをしなくても、その時の状態に合わせたケアが可能になります。

また、忘れがちではありますが、「お顔の毛」のケア問題。口まわりの産毛《うぶげ》や、眉毛が伸びきっている、それに鼻毛……これらは想像以上に他の人から見られていますし、目立つものです。

毎朝、洗顔時に自分のお顔をチェックすることを習慣化することで、こういったことにも気づけるようになるものです。


その後、簡単に使えるシートマスクタイプのパックをし、そのついでにＥＭＳのハンズフリー美顔器を装着。美顔器は10分で切れるので、わざわざ時間を測らなくても、シートマスクを外すタイミングとピッタリ合います。

もちろんこの10分間も、無駄にはしません。やかんに火をかけて白湯を作ったり、植物に水をあげたり、ペットのお世話などの時間にあてます。10分経ったらパックと美顔器を外し、お肌に適切な保湿をしながら、ついでに顔まわりのリンパを流します。もちろん、日焼け止めは365日欠かせません。

そして、整った環境が運気の流れを作ると考えているので、どんなに忙しくても掃除機をかけることに加え、トイレ・玄関掃除もしっかりと行います。

朝の食事に関しては、あたたかいスープや野菜ジュース、お味噌汁などですませることが多いです。なぜならわたしの体調には、消化に負担をかけないものがベストと感じているから。とはいえ、今日はしっかり食べたほうが調子がよさそうと思えば、その時に身体が望んでいるものを食べます。体調を日々観察し、身体の声を聞いて食事を合わせるといったイメージです。

また、朝はテレビをつけるという方も多いかもしれませんが、ゴシップや悪いニュースが目や耳からどうしても入ってきてしまうので、わたしはその日の気分に合わせて自分が聞きたいと思う、心地よい音楽を聞くようにしています。

最後に神棚のお水を変えて、一日のスタートに感謝しながら手を合わせます。

朝の時間はどなたにとっても貴重だと思います。できるだけ「ながら」でできることを考え、習慣化していくことが大切です。

お子さんや家族の準備で精一杯という方も、まずは何か一つ自分のためにできることを探し、習慣化できるようにしてみてください。


日が昇り日が沈むように、宇宙はいつの時も規則正しく動いています。

私たちの心身も、同じように日々新陳代謝しています。

規則正しいリズムを取り入れることで、心身ともに行動できる原動力が生まれます。そして滞ることなくエネルギーが流れることは、生きるために必要な活力や気力を司る気の巡りをよくすることにもつながります。

どんなに小さなことでもかまいません。心地よいと思うことの積み重ねが、やがては習慣となり、あなたという人間を作りあげていくのです。

朝の美に欠かせない！ Aya's Recommend

タイムシークレット 薬用デイエッセンスバーム（msh株式会社）

保湿成分配合のスティック状美容液で、ファンデーションの上から使用でき、日中の乾燥対策に役立つアイテムです。

造顔筋マチュア（クルールラボ株式会社）

フェイスラインに特化したEMS美顔器

側頭筋・咬筋・頬筋といった顔の外側にある筋肉、"フレームマッスル"へアプローチするEMS美顔器"ゾーガンキンマチュア"。気になる目元・頬・口元などに沿ったフェイスラインの筋肉を刺激して、若々しいメリハリラインを。顔に装着するだけなので、美容ビギナーの方にもおすすめです。

時が物事を変えるって
人はいうけど、
実際は自分で変えなくちゃ
いけないんだ。

――アンディ・ウォーホル

朝起きたら、まずはよい言葉のシャワーをあびる

叶えたいものがある時、自分を変えたいと思う時。48ページで言葉の持つパワーについてお話ししましたが、そんな時も「言葉」を換えてみると、人生をより豊かにできるかもしれません。特に、朝は潜在意識にアクセスしやすく、もっとも書き換えをしやすい時でもあります。

起きてすぐ、まっさらな状態に届く言葉は、感覚器官を通して身体中の細胞に届きます。朝は望む未来への自動操縦をオンにするための、最適な時間帯といえるのです。ですから、心が喜ぶ言葉を選ぶことが大切です。

ここで、朝に最適な言葉についてお話しします。

まず、肯定的で短いもの、そして自分に対してポジティブな言葉がおすすめです。なりたい自分への自己宣言をすること、これはアファメーションと呼ばれる手法ですが、アファメーションには、望む未来を引き寄せ、人生を好転させる力があります。

「今日もうまくいく！」

「達成感を感じる一日を過ごそう！」

「今日も私自身を大切にしよう！」

など、気分が上がり、一日を気持ちよく過ごせるような、肯定的な言葉がけを習慣化していくうちに、潜在意識に知らないうちに言葉がすり込まれ、やがて思考にもよい変化が訪れます。

逆に、言えば言うほど、自分の気分を悪くさせてしまうような言葉もあります。

「あ〜あ、今日も一日始まった……」「会社行きたくないなぁ」などは、ついつい口にしてしまいがちな言葉ですが、これらも潜在意識は聞いているので、意図せず刷り込まれていき、望まない現実を引き寄せることだってあるのです。

また、朝についついやってしまいがちなNG行動が、起きてすぐにスマホを見ること。なんとなくダラダラとSNSを見ていると、「いいね」やフォロワーなど、人の反応を気にしたり、嫉妬心が芽生えたりすることも……。

メールやラインを見るのも、おすすめはしません。未読のものに対してプレッシャーになり、返信できていない自分に対して罪悪感を感じる可能性もあるからです。

また、子育て中のママさんの朝は、家族のために大忙しですよね。

いつまでも起きてこないお子さんに対して、「早く起きなさい！ また遅刻するわよ！」と声をかけることもあることでしょう。ですが、これも「望まないことに意識を向けた言葉」となるので、注意が必要です。

しかも、この言葉のままでは、ほぼ間違いなく遅刻するようになってしまいます。

ですから、「早く起きると、一日を有意義に過ごせるよ！」など、望む言葉に変えていくと、自分にとってもお子さんにとっても、よい時間を過ごすことができるようになります。

潜在意識が変わると、行動も変わります。その結果、苦手なことが得意になったり、願望が実現したり、苦労せずダイエットができたり、お金が急に舞い込んできたり、自分でも驚くほどの奇跡が次々と舞い込んできます。

朝の言葉を意識して、望む現実をクリエイトしていきましょうね！

感謝の心が高まれば高まるほど、
それに正比例して
幸福感が高まっていく。

——松下幸之助

ありがとう白湯の素晴らしい効果

前項でアファメーションのお話をしましたが、よい言葉は、自分にも人にも、意識的に使っていきたいものですね。

なぜなら、ポジティブな言葉は心を明るくするだけでなく、現実世界を変える力をも秘めているからです。

もし今、現状がうまくいっていないと感じているのなら、朝だけでなく、日常的によい言葉を使うように意識してみてはいかがでしょう。

中でも「ありがとう」という言葉は、何よりも強力なパワーワードです。

この言葉は人に向けられることが多いものですが、当然自分にだって使えます。でも、自分に対して「ありがとう」なんて、「どのタイミングで言うの？」「恥ずかしい」と思う人もいるかもしれませんね。

そんな方に私がおすすめしているのは、「ありがとう白湯」です。

まず、朝起きた時に白湯を飲むことは、寝ている間に失われた水分を補給するだけでなく、自律神経を整えることにも役立ちます。また、冷えや便秘を解消して代謝を高めてくれるので、ダイエット効果も期待できます。

そして、ありがとう白湯とは、朝一番に飲む白湯に「ありがとう」と声をかけてからいただくというもの。

私たちの身体は、寝不足でも、仕事が忙しくても、いつも健気《けなげ》に頑張って働いてくれていますよね。そんな自分の身体に対して、細胞の隅々にまで「ありがとうの言葉」が行き届くようにイメージしながら飲み干します。

こうすることで、「ありがとう」という言葉とともに、朝の乾き切った身体に水分が染み渡っていくのを感じられるようになりますし、何より心が落ち着きます。

パワフルでエネルギーの高い言葉には、波動を高める力があります。

それであれば、自分にもプラスの言葉をかけていきたいですよね。

言葉を変えるだけで、あなたの未来は大きく変わります。

ありがとう白湯、ぜひ実践してみてくださいね。

Column

ありがとう白湯の飲み方

①やかんに水を入れ強火で沸騰させ、沸騰したら火を弱めて10～15分間沸かします。
※やかんは鉄のものを使うと、白湯に鉄分が溶け込み、女性にとっては嬉しい効果もあります。

②その後、火を止め50～60度に冷ましたものを、コップ1杯（150～200ml）ゆっくりと飲みます。
このときに、今日も元気に朝を迎えられたこと、そしていつも頑張っている自分自身に対して「ありがとう」という感謝の気持ちを感じながらゆっくり飲みましょう。

eatreat.季節のコーディアル／
森のハーブシロップ（eatreat. ruci）

白湯が苦手な人には、飲みやすくしたアレンジ法がおすすめ！

ハーブとスパイスの香りをシロップに移した「季節のコーディアル」。もみ・ヒノキなどを原材料とし、まるで森林浴をしているような豊かな香りで、不安定になりやすい心を優しく支えるブレンドです。

メイクは私たちの外見を
美しく飾ってくれるものだけれど、
もし内面がひどかったら
それは意味のないもの。

――オードリー・ヘップバーン

理想の若さを保つ方法

「いつまでも若く美しくありたい」という願望をコミカルに描いた、『永遠《とわ》に美しく…』という映画がありました。

「若さ」に強烈な執念を持つ女性たちを、興味深く、そして恐怖すら感じながら観ていました。しかし「若さを保ちたい」という思いは何も映画の世界だけでなく、誰もが共通して持つ願いなのかもしれません。

人は誰も、時の流れには逆らえません。しかし、時計の針をゆっくり進ませるのも速く進ませるのも、じつは私たち次第なのです。

若くあるために食事や運動、美容に関心を持って取り組むことはもちろん大切です。しかし、これまで4万人の方と接してきてわかったのは、それよりも〝心（マインド）〟を磨くことが大切ということ。

「若さを保つことと、マインドがどう関係するの？」と思うかもしれませんね。

これは例をあげるとわかりやすいかもしれません。

たとえば、日常的に恐れや不安を感じていると、疲れを感じやすく、何事にも意欲的に取り組むことができません。

また、失敗や後悔、それらを夜、寝る前に思い出して、ひとり反省会。考えれば考えるほど、次々にマイナス思考になっていき、眠れなくなってしまうという方も多いようです。

しかし、そのような古い思考を手放さず執着し続けると、その執着は心の底に重くたまり、「毒素」へと変化します。結果、身体の中の流れが滞り、意欲も減退し、老化の促進に繋がります。

一方、意欲的にパワフルに物事に取り組む人は、エネルギーに溢れ、若々しく輝いて見えます。若さ＝意欲といっても過言ではありません。

あなたのまわりにもいませんか？

たとえ失敗したとしてもいつも前向きで、元気で、フットワークも軽く、内側からパワーが溢れ出ている人が。

そんな人は魅力的ですし、同じ波長同士エネルギーの高い人も集まってきます。

マイナスの感情に心が占領されていると、「毒素」を溜めこむことになりますが、反対に心が弾むような楽しいことを考えていると、脳内の幸せホルモンといわれるセロトニンやオキシトシンが分泌され、心の安定が図られるほか、アンチエイジング効果もあると考えられています。

つまり、若々しくあり続けたいという意欲を持つことも、脳内の幸せホルモンを分泌させるのも、自分のマインド次第ということなのですね。

では、若さを保つマインドは、具体的にどのように作っていけばよいのでしょうか?

ここに関係してくるのが、次項でお話しする、自分を肯定する感情である「自己肯定感」なのです。

この子が綺麗なのは、
心の中に
薔薇を一輪持っているからだ。

――サン・テグジュペリ

ほんの少しの自分ファーストで未来は変わる!

思考に大きく影響する「自己肯定感」とは、自分自身を尊重し、そのままの自分を認めること。ありのままの自分を肯定し、どんな自分でも価値があると感じ、自分を愛するということでもあります。

毎日、誰かのために慌ただしく時間を使い、自分を後回しにしていると、自己肯定感が失われていきます。

自己肯定感を育てるには、潜在意識にある思考(心のクセ)を掘り下げていきながら自分がマイナス感情になりがちなパターンに気づき、それを肯定できる形で上書きすることが必要です。

たとえば、潜在的に自分を否定し、ぞんざいに扱っている人は、どんなに造形的に美しかったとしても、魅力的には見えません。

施術をさせていただいた方の中には、整形を繰り返し行っていた方もいましたが、いくらお金をかけて整形して、外見を変えたとしても、心が満足できないのです。

心から満足し、内側から輝く魅力を手にするためには、潜在意識の思考パターンを理解し、自分自身の価値を認めていくしか方法はありません。

ですから、ありのままの自分を許し、認めるという新しい思考を、潜在意識に教え込むことが必要です。

長年持ち続けた思考ですから、変化させるには、コツコツと日々積み重ねていくことが大切です。これには日々当然のように行っていることに、上手にプラスして利用することがコツです。そこで、わたしがおすすめしたいのが、スキンケアと同時に自己肯定感を育てる「ご自愛ケア」です。

女性ならば、少なくとも一日に2回はスキンケアなどで自分の肌に触れていますよね。その時間を活用しながら、自己肯定感を高める方法です。

お肌に触れる時、どのような気持ちで触れているか、まずはそのマインドがとても大切です。

マッサージなどでお肌に心地よい刺激を受けると、その感覚が神経と脊髄《せきずい》を伝わり、脳が反応します。

顔には、心との繋がりが深い神経線維が多く存在しているため、ただ優しく触れているだけで、幸せな気持ちが増幅するのです。また、自分自身に「ありがとう」「いつもがんばってるね」などと、労いの気持ちを持ち、感謝の言葉をかけながらスキンケアをすると、その感情は、心の奥底まで確実に届きます。

そして、肌に優しく触れ、労わりながら、自分は大切な存在なのだという情報を、潜在意識に伝えていくことで、セロトニンやオキシトシンなどのハッピーホルモンが分泌されるだけでなく、ストレスホルモンであるコルチゾールを減少させます。すると自律神経が整い、血液の流れを促進させ、単にケアする以上の美しさを育てることができるようになるのです。

●わたしを磨く「ご自愛ケア」

まずは、顔全体を包み込むように、優しく洗顔をします。その後、化粧水や乳液など、普段使っているアイテムを塗布していきますが、自分の細胞一つひとつへ届けてあげるイメージを持ち、労いの言葉をかけていきます。

「いつもありがとう」「お疲れさま」など、自分がかけられて「ホッ」とするような言葉を心の中で呟いたり、実際に声に出したりしながら、手のひら全体でハンドプレスをしています。

わたしはスキンケアのついでに、「ご自愛ケア」をしていますが、労いの言葉をかける時と、そうでない時とでは、翌朝の肌の調子が格段に違うのです。

また、鏡の自分に向かって声をかけるのもよい方法です。

自分が自身の一番の応援者となって、「本当によくやってきたね」「よく頑張ってきたね」、そんなふうに労いの言葉をかけたり、「大丈夫！ すべてうまくいっている」と、自分の頑張りを労い、認めてあげることで、自分を肯定できることが増え、自己肯定感が育ちます。

もしかしたら、「たったそれだけで？」と、疑問に思うかもしれません。ですが、「ローマは一日にしてならず！」。

無意識に自動操縦している潜在意識を変容するには、こういった意識をコツコツと持ち続けることが大切なのです。

ご自愛ケアに欠かせない！ Aya's Recommend

セルフラブラメラマッサージジェル（株式会社ライフ・マックス）

忙しい毎日の中でも自分を大切にしてキレイになってほしい。そんな思いから作りました。

特許製法「ラメラテクノロジー」は肌に近い構造のジェルなので、馴染みやすく保湿が持続します。マッサージをしながら塗ることで、オールインワンジェル1本でもしっかりとうるおいます。

ルナフル　ハーフムーン（SAKITUE）

デリケートゾーンから全身への究極のエイジングケア。 変動する女性ホルモンと上手に付き合って、今を楽しみながらも、次のSTAGEに備えて適切にケアをする「フェミニンケア」。 更年期のゆらぎ世代に、おすすめです。

美しい姿は美しい顔に勝り、
美しい行いは美しい姿に勝る。

――チャールズ・リード

免疫力は女を輝かせる！

心と身体は常に一つで、互いに影響し合っています。心も身体も元気でなければ、若々しさや美しさを得ることはできません。

「美」とは、健康な心身の、さらにその先にあるものです。

身体を若々しく、健康に保つために切っても切り離せないものが、私たちの身体にある「免疫力」です。

身体を守ってくれる免疫システムがあるからこそ、体内で悪い細胞が暴れたとしてもいち早く撃退してくれますし、外から侵入した細菌やウイルスの攻撃からも守ってくれます。免疫力があるからこそ心身を健康にパワフルに保つことができるのです。

「なんだか調子が悪いなぁ」と感じる時、皮膚や顔色、見た目にもよくない影響が出てきませんか？

今日は化粧のノリが悪いなぁ、髪にもツヤがないし……。

このような、肌荒れ、アレルギー、冷えなど、一見小さな不調に見えるようなことも、じつは免疫力低下の影響によるもの。

もし、あなたが何かの不調に悩んでいるのなら、その不調はどこからきているのかを意識してみてください。

たとえば肌荒れは、化粧品や薬である程度の解決はできるかもしれません。ですが、症状を抑えるだけではなく、肌荒れの原因が何かを追求することは、根本からの改善につながります。

「ストレスが過剰になってはいないか?」「生活習慣が乱れがちではなかったか?」「良質な睡眠がとれていなかったのではないか?」。

見直してみると、不調の原因となることが、必ず見えてくるはずです。そうやって原因を見ていくことで、自分の心身の声にも敏感になり、ちょっとした不調にもすぐ気づけるようになってきます。

身体はいつだってあなたのために活動し、不調のサインがあれば、声を発して教えてくれています。

自分自身の心身に関心を持ち、不調の原因を追及していくことは、健康に美しく毎日を送るコツとなるのです。

免疫力をアップする方法は諸説ありますが、まずは基本的なことを、次にお話ししていきますね。

美と健康の源！ 免疫力アップの方法

◉免疫力UPその①・ビタミンD

免疫機能を調整する役割のビタミンDは、太陽の光を浴びることで生成されます。ですが、近年では過剰なまでの紫外線対策により、ビタミンDが欠乏している人が急増しているようです。ただ、美容的観点からいえば、紫外線が肌に与える悪影響は否めません。

免疫力も欲しいけれど、「シミやシワは増やしたくない」というのが、女心なのではないでしょうか。

そんな時に、私が時折行っているのが、手のひらだけを太陽光に当てる「手のひら日光浴」です。手のひらは他の部分に比べてメラニン色素が少なく、シワやシミが目立たない場所でもあるのです。

やり方としては、手のひらには紫外線対策をせずに（UVなどを塗らず）、両手の手のひらに太陽の光を当てます。この時、他の部分の日焼けを避けたい人は、窓から手のひらだけを出して、1日10分程度日光浴してみてください。

もちろん、栄養バランスのとれた日々の食事も大事です。魚介類、卵類、きのこ類などのビタミンDが多く含まれる食材を意識的にとりましょう。

◉免疫力UPその②・腸活

近年、新型コロナウイルスの流行の影響により、免疫力アップや健康管理を目的とした「腸活」への関心が高まっています。

腸内環境が整っていると免疫力が高まる他、アレルギーや肥満、うつ病、糖尿病、心臓病、認知症、大腸がんなどのリスクも軽減する、と報告されています。

また、アンチエイジングの研究が進むにつれ、腸内環境が若さを作る要因であると考えられるようになりました。

みずみずしい肌や艶やかな髪、健康的な身体などは「腸」が深く関係しています。つまり、腸内が老けていれば老化も進行しやすいということ。

腸は最大の免疫機関といわれ、免疫システムを担う細胞の約7割が腸内に生息しています。ですから、腸内環境を整えることは若さだけでなく、免疫力の高い健康な身体も手に入れることと等しいのです。

また、「腸」は、脳の機能に影響を与えるとも考えられ、私たちのメンタルとの関係性も注目されています。これを「脳腸相関」といい、脳の状態が腸に影響を及ぼし、逆に腸の状態も脳に影響を及ぼす現象を指します。ストレスや緊張があるとお腹の調子が悪くなる、といったような体験をされた人も少なくないはず。

また、腸内環境が悪いことで、怒りやイライラ、不安感が増すなどの報告もあります。これは脳が自律神経を介して、腸へストレス信号を送っているため。ですから、腸内環境を整えることは、安定したメンタルを作ることにも繋がるのですね。

では、腸内環境を整えるには、どうしたらよいのでしょうか。

腸内環境の良し悪しは、善玉菌と悪玉菌のバランスによって決まります。

腸内環境をよくする善玉菌を増やすには、善玉菌のエサとなる食物繊維やオリゴ糖、発酵食品、大豆製品、野菜や海藻類、ネバネバ食品などがよいとされています。

オリゴ糖は、大豆などの豆類、玉ねぎ、ごぼうやブロッコリーなどの野菜類、バナナなどの食品に多く含まれています。

そういった食材を意識的にとることも大切なのですが、何よりも大切なことは、悪玉菌のエサとなる、動物性タンパク質やアミノ酸、脂質、食品添加物、人工甘味料、白砂糖、小麦などを口にするのを、できるだけ避けるということです。

正しい食生活の他、良質な睡眠や適度な運動なども取り入れ、腸に生息している善玉菌を健やかにしていきましょう！

◉免疫力UPその③・温活

美容のために、朝食は生野菜やスムージー。

職場や家庭でのストレスが多くて、イライラが治まらない。

甘いスイーツが大好きで、1日1回のデザートタイムは欠かせない！

ランチや夕食は、ついついコンビニやスーパのお惣菜ですませちゃう。

入浴がよいのはわかってはいるけれど、それより優先させたいことがあるのでシャワーですませてしまう。

夜遅くまでついついスマホをいじって、いつも睡眠不足気味……。運動不足で、最近太り気味。

いかがでしょう。心当たりのある方も多いのではないでしょうか。

忙しい現代女性を象徴するかのような生活習慣ではありますが、このような生活が続いている方は、間違いなく冷えています。

身体に冷えがあると、生理不順や更年期障害、吹き出物や肌荒れ、肩こりや腰痛、不妊症、便秘にむくみなど、様々な不調に悩まされることになります。

また、最近では低体温の方が多く、平熱が35度台という人も少なくありません。体温が1度下がると免疫力が30％以上も低下し、代謝は約12％低下するといわれています。つまり、身体が冷えていると病気になりやすいだけでなく、太りやすく、肌の調子も整わないということ。でも、安心してください。

身体を温める「温活」は、比較的早く効果を得やすいものでもあり、すぐに取りかかれるものばかりです。まずは2週間続けてみて、身体の変化を感じてみましょう。

簡単温活

・体温より少し高めの37〜40度の湯船に毎日最低20分は浸かるようにする（できない場合は足浴もおすすめです）
・朝は白湯や温かい味噌汁を飲むようにする
・軽い筋トレを取り入れる（スクワットや階段を使うなど）
・手首、足首、首を冷やさない（レッグウォーマーやスカーフなどを使用）
・腹巻をする（できれば季節を問わずオールシーズン）
・身体を温める食材（生姜、唐辛子、にんにくなど）を意識的にとり、体を冷やす葉野菜や小麦を避ける
・砂糖たっぷりのスイーツは少しの間ガマンして、プルーンで代用

若さや免疫力に欠かせない！ Aya's Recommend

ドクター水素ボトル（WOO-EAST株式会社）

若々しさは細胞から！

医学博士監修の水素ガス吸入器。

水素は宇宙で最小の分子で、肺や粘膜を通して体内に素早く取り込まれ、脳や細胞など全身に吸収されます。年々減っていく毛細血管を再生し、血流を増やす他、老化や病気の原因である活性酸素を抑制します。シワ・たるみ・むくみ・肥満・認知症・骨粗しょう症・ガンなどの抑制効果が、期待できます。ポータブルで移動しやすく、わたしはデスクワークの際や、ソファーでリラックスしたい時などに使用しています。

マルチビタミン&ミネラルPREMIUM（有限会社Pure Med）

サプリメントは、本当に必要なものだけを厳選して飲むことが大切です。「マルチビタミン&ミネラルPREMIUM」は、ミネラル・ビタミンD・ビタミンC・亜鉛・マグネシウムなど、21種の厳選されたプレミアム素材が、バランスよく贅沢に配合されたもの。お医者様が作られたものだからこそ信頼できる、栄養補助食品サプリメントです。

あなたのまわりに
いまだ残されている
すべての美しいもののことを考え、
楽しい気持ちでいましょう。

――アンネ・フランク

イライラした感情は身体を緩めるとスッと消える

マッサージやストレッチなどで身体が緩んだ時、「ハ～ッ」とため息が出るくらいリラックスしたという経験はありませんか。

心と身体は常に一つです。身体を緩ませ、柔軟性を高めると、基礎代謝が上がります。それによってダイエット、肩こりや腰痛、冷えや便秘の改善などが期待できます。そして中でも特に実感しやすいのが、イライラの感情がスッと治まるということ。

よく、元々身体が硬いという方がいますが、赤ちゃんの頃から身体が硬い人なんて一人もいません。生きていく中で、緊張や不安など、たくさんの負の感情を背負ってきているからこそ硬くなるのです。

そして、身体が硬くなる人は、頑張りすぎてしまう傾向にあるように思います。頑張ることがデフォルトになっているので、少しくらいつらくたって頑張ってしまい、自分自身の心身の状態にも気づけません。

たとえば、社会の中で歯を食いしばり頑張っている人は、鎧をまとい、武装しているような状態です。

負けないように、倒れないようにいつも気を張って頑張っていますよね。でもそのような状態の時は、身体が緊張状態で力んでいるのと同じように、心も力んでいます。身体の硬さを緩めることは、心の力みを緩めることにもつながります。つまり、自分の抱え込んできた感情を解放し、自分自身に許しを与えることと等しいのです。

私が施術者をしていた頃、お客様の身体の状態を見れば、おおよその心の状態を読むことができました。

施術前のカウンセリングで問題はないようにおっしゃっていた方も、身体を触ると緊張状態の心が伝わってくるものです。心と関連する筋肉を緩ませながら施術していくうちに、ぽつりぽつりとご自身の悩みを打ち明け始め、表情や言葉遣いも優しく緩やかに変化していきました。そんなお客様の変化を目の当たりにしていくうちに、心と身体はやはり一つであるということを、改めて実感していきました。

ストレスが溜まり、身体の過緊張状態が続くと、特に首や背中が血流不足になります。

首には脳につながる血管があるので、首がガチガチに固まった状態だと、脳の機能が低下し、集中力の低下につながります。また、血流も悪くなることから、頭痛や肩こりが表われるだけでなく、ひどくなればうつ病を引き起こすこともあります。

逆に、首や背中の緊張がとれれば、十分な血流を脳に送り出すことができ、自律神経も整います。また血流がよくなることによって、幸せホルモンであるセロトニンなどの脳内神経伝達物質も活性化し、脳ストレスが低下します。つまり、首や背中を緩ませることは、ストレスに強い心を保つことにも繋がるのですね。

とはいえ、マッサージやエステに頻繁に行くことはできませんよね。

でも大丈夫！ 驚くほど簡単に身体を緩ませることができる方法があります。それが、深い呼吸を意識すること。

こんな時に行ってほしいのが、アメリカの医師アンドルー・ワイル博士が提唱している「478呼吸法」です。別名「マインドフルネス呼吸法」ともいわれています。

至ってシンプルな呼吸法ですが、心身の興奮や緊張を和らげ、リラックスした状態に導いてくれるものです。

478呼吸法のやり方

1・力を抜いた状態でリラックスして行う
2・口から吸った息を最後まで吐ききる
3・息を最後まで吐ききったら、4つ数えながら鼻から息を吸う
4・息を止めて7つ数える
5・8つ数えながら、口からゆっくり息を吐ききる
6・3～5の流れを繰り返す（1日2～4セット程度）
※やりすぎに注意して行ってください

また、呼吸に集中しながら「今ここ」にある自分に意識を向ける「瞑想」も、心身を緩ませる他、心拍数や血圧を落ち着かせ、血流を改善させる効果があります。ですが瞑想中の呼吸は、必ずこうしなければならないというものはありません。478呼吸を意識するあまり、瞑想に集中できなかったとならないよう、あくまでも自分の心地のよい呼吸ができるように行ってみてくださいね。

191ページに掲載しています、「聴くだけで理想の自分になる　誘導瞑想音声ファイルプレゼント」も、ぜひお試しくださいね。

身体を緩ませるおすすめエクササイズ

呼吸で身体の内側から緩ませたら、さらにエクササイズを取り入れることで、身体もスッキリ、リラックス効果が期待できます。

わたしのおすすめは、ヨガやピラティス、バレエなど、呼吸をとり入れながら緩ませる運動です。これらの運動は基礎代謝が上がることによる、ダイエット効果があるのはもちろん、しなやかな筋肉を作ることも期待できます。

また、動きに柔らかさが加わることで、所作にも品が出るなど、自分をより魅力的に見せることにも繋がります。

ポーズや柔軟性に自信が持てないという方は、ピラティスポールやストレッチバンドを使うのもおすすめ。自己流でも、使っていくうちに、硬い部分や伸ばすと気持ちいい場所を感じとれるようになるので、楽しみながら続けてみてください。

わたしは、硬くなった筋肉をローリングするだけでほぐしてくれる、「トリガーポイントグリッド フォームローラー」を愛用しています。柔軟性を高め、可動域を拡大したり、身体全体のバランスを整えてくれる他、血行促進効果も。簡単にセルフケアができるので、運動が苦手という方にもおすすめ。

これらはお風呂上がりの柔軟性が高まる時に行うと効果的です。続けることで、柔軟性が高まりますよ。

「血流がよい状態で人はネガティブになれない」といいます。身体を緩ませて血流が正常に流れると、内側からエネルギーが漲《みなぎ》ってきて、細胞レベルで活力が湧いてきます。

内側の柔軟性を取り戻すことで、思考はポジティブに変化し、外側の世界にもやがて変化が訪れます。

身体を緩ませ、心も緩ませる。お試しあれ。

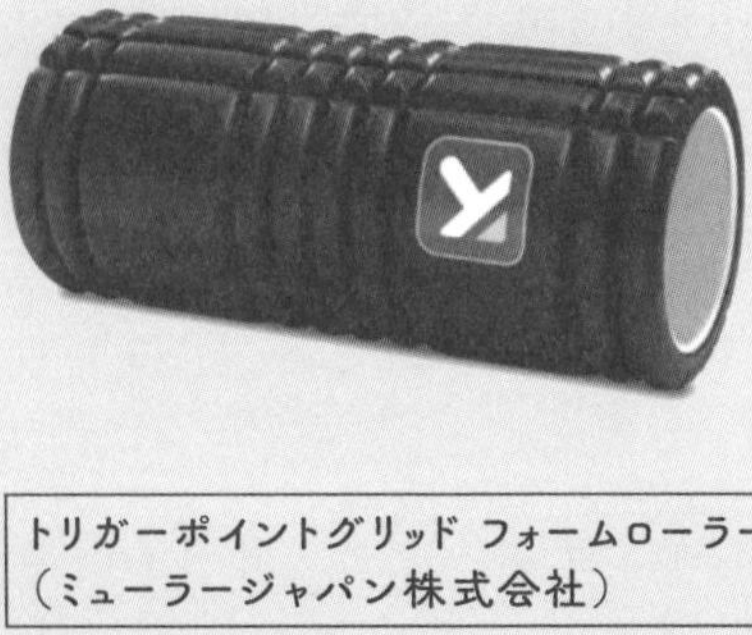

トリガーポイントグリッド フォームローラー
（ミューラージャパン株式会社）

Chapter 3

人を魅了する美しい表情としぐさ

表情は遺伝とは無関係だ。
それは、あなたがこれまでに経てきた
年月の署名である。

――ドロシー・キャンフィールド・フィッシャー

幸運を呼ぶ表情の魔法

人の印象は「視覚情報」である、見た目で決まるといわれています。

そして、それを左右するポイントは、なんといっても「表情」です。

笑ったり、怒ったり、泣いたり……そんな私たちの感情が、ダイレクトに出てくるのも「表情」。

どんなにポーカーフェイスでいたとしても、「真の感情」は表情の動きとなって表れてしまうため、隠すことはできないといいます。

心理学においては、「表情は感情に作用する」と考えられています。

「楽しいから笑うのではない、笑うから楽しいのだ」という言葉がありますが、これはアメリカの哲学者であり、心理学者のウィリアム・ジェームズの名言です。

つまり、悲しいことやつらいことがあっても、笑顔の表情を作ることで、感情は変えることができるということ。

トロント大学のサスキンド博士らの研究グループが、被験者に「恐怖」の表情を作ってもらい、それが感情にどのような影響を及ぼすのかを調べる実験をしました。すると、恐怖の表情を作ることで、「視野が広がる」「眼球の動きが速まる」「鼻腔が広がる」「呼気の気速が速くなる」といった、身体への変化も現れる、という結果が出たのです。

逆に笑顔の表情をすることで、脳内からセロトニンホルモンが分泌され、精神的に安定しやすくなるといいます。

これは、意図的に口角をキュッと上げるだけでも、脳は笑っていると勘違いし、効果をもたらすというのですから凄い！

また、笑うことで、がん細胞やウイルス感染細胞などを攻撃する、「ナチュラルキラー細胞（NK細胞）」の働きが活発に。つまり笑顔は、心に対してポジティブに働きかけ、健やかな身体作りに欠かせない「免疫力」も高めてくれるのです。

優しく穏やかな表情は心を和ませ、自然と人を惹きつけるものです。自分にとっても周囲にとっても、幸せをもたらす表情を、心がけていきたいですね。

女性の美しさを格段にアップさせるものとは

動作がたおやかで、凛とした佇まいの人は、誰の目から見ても美しいと感じますよね。そのような人は、まわりからの視線を自然と集めてしまう、独特のオーラを持ち合わせています。

でも、身のこなしや立ち振る舞いに気を配ることって、「少し難しそう」と思うかもしれません。じつは、「姿勢」を意識するだけで、女性の美しさは格段にアップします。

たとえば、ねこ背の女性と背筋をピンと伸ばしている女性とでは、印象的にどうでしょう。

ねこ背の人は顔が肩より前に出ているため、二重顎になりやすく、フェイスラインがたるみがちに。いくらファッションやメイクに気を配っていたとしても、不健康で老けて見えてしまい、美しさが半減してしまいます。

一方、背筋がピンッとしていると、若々しく健康的な印象を与えます。姿勢を正すだけで堂々として見えるだけでなく、顔つきにも変化が表れ、表情もイキイキと輝いて見えます。

このように姿勢を意識するだけで、見た目の印象に、大きな差が生まれるのです。

私はバレエのレッスンを週2回受けていますが、最近はクラッシックバレエ特有の美しい姿勢が、少しずつ身についてきたように感じます。指先の動きや足の角度、顔の向きや視線など、全身を美しくみせるための動作がバレエには必要です。簡単な動作でも手足の角度、首の向き、指の形など、頭からつま先まで全身に神経をくばる必要があるのです。全身の筋肉を意識して使うことで、身体の軸がしっかりし、美しい姿勢が自然と身につくようになってきたように感じます。

また、美しい姿勢を身につけることで体幹が自然に鍛えられ、太りにくい身体になってきたように思います。

そこで、お手本にしたいのが、バレリーナの美しい動作や踊りに欠かせない「姿勢」です。ここでは、バレリーナ特有の美しい姿勢の作り方をご紹介します。

1・バレエにおける正しい姿勢とは、頭を天井から引っ張られているようにイメージをすること。頭頂部から耳の後ろ、肩、腰、太ももの付け根の外側までを、一直線にするように立ちます。

2・骨盤を一つ上に持ち上げるように意識し、足は床を押し、座骨を垂直に上げるようにすると自然にお腹が薄くなり、背骨と近づく感覚がわかるかと思います。これにより、お腹の体幹が鍛えられていきます。

3・首はスッと伸ばすけれど肩には力を入れず、肩甲骨は下げるイメージをする。

この姿勢が身につくと、背筋がピンッと美しく見えるだけでなく、首から胸のデコルテのラインも美しくなっていきます。バレエ仲間の中には、大人になった今でも「身長が2センチも伸びた！」なんて人もいるほど。

姿勢をよくすることは、意識次第ですぐに取り入れられるものです。毎日のちょっとした意識を続けて、美しい立ち振る舞いを手に入れてみませんか。

美は顔にあるのではない、
美は心にともる光である

——ハリール・ジブラーン

美は細部に宿る

普段の生活習慣、ものの考え方、動作、人間性などは、特に見せようと意識していなくても、自然と滲み出てくるものです。

・ヒールのかかとがすり減ったまま。
・マニキュアやペディキュアがハゲハゲ状態。
・バッグの中がいつもぐちゃぐちゃで、化粧ポーチの中も汚れている。
・物をドサっと乱暴に置く。
・エレベーターを真っ先に降りる。
・道を譲らない。など

いかがでしょう。少しドキッとするような、たとえだったかもしれませんね。
いくら綺麗に着飾っていたとしても、このような部分が見えてしまうと、その人の内面が見えてくるようで、残念に思われてしまうかもしれません。

美しい人は、細部まで手を抜くことはありません。内面も外見も磨き上げることに余念がなく、楽しみながら向上している人が多いようです。

たとえば、食事一つとっても、栄養価の高いものや添加物の少ない、良質のものを食していれば、自ずと肌も美しくなります。手入れが行き届いた髪や爪は、人に好印象を与えます。

また、教養を身につけて知識を高めたり、内省して自分自身と向き合う機会を作っていれば、余裕があって落ち着いて見えるはずです。

見えないところでも自分を磨くことは、真の美に繋がります。そしてこれは、一朝一夕でできるものではありません。

たとえうまく取り繕っても、必ずどこかでボロが出てくるものです。

内面からの自分磨きって難しそう、私にはできないわ……そんなふうに思うかもしれません。でも、意識次第で、取り入れていくことができるのです。ここで、いくつか例を挙げてみましょう。

・自分のものだけでなく、他者の脱いだ靴も揃える。
・トイレの流しの水滴を、綺麗に拭き取ってから出る。
・スーパーで陳列している商品が落ちていたら、元の場所へ戻す。
・ホテルなどに宿泊した際、部屋を整えてからチェックアウトする。
・収入の一部を寄付する、など。

些細なことかもしれませんが、これらの行動からは、「思いやりの心」がみえてくるように思えませんか。

自分を磨くことで自分のことを丁寧に扱うことや自分を労ることができ、自分を大切な存在と感じられることが増えてきます。そして、他者のことも同じように大切に考えられるようになります。つまり、自分や他者に対して「慈愛の心」を持つことで、そういった思いが波動となり、見えない美しさをまとわせるのです。

美しさをまとうのも、まとわないのも、心のあり方次第。

しなやかで、上品で、凛とした人。そんな素敵な女性を、目指しましょうね。

最も大事なことは、人生を楽しむこと、
幸せを感じること、それがすべてです

――オードリー・ヘップバーン

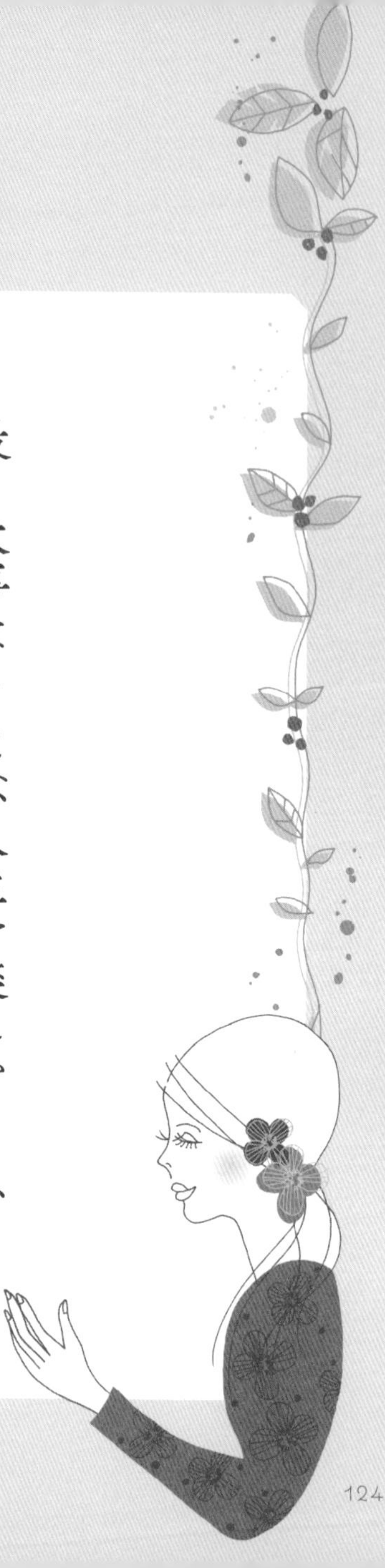

気品溢れるゆっくりとした所作

気品のある人と聞いて、あなたはどのような人を思い浮かべますか？

ある女性誌の調査によると、気品のある人の特徴として、身だしなみが整っている、所作が美しい、穏やかという特徴が挙げられていました。

毎日忙しくしていると、何をするにも急ぎがち。

でもちょっとイメージしてみてください。

・ドアをゆっくり開け、ドアノブを持ち、最後は音がしないようにそっと閉める
・ドアをパ〜ンと開け、閉まるのはドア任せ（笑）

いかがですか？

前者のほうが、美しい所作ということがおわかりいただけますよね？　いたってシンプルな例ですが、意外とできていない方が多いのではないでしょうか。

でも、この2つが与える印象は私たちが思っているより大きく、こういう振る舞いが自然にできるかどうかで、あなたの魅力度も変わってきます。

ドアの開け閉めだけではありません。椅子に座る際にも、ドスンと座るのではなく、ゆっくりと座面に座り、膝をそろえ、爪先も軽くつけておく。これだけでも素敵な印象を与えます。

その他、歩き方、食事の食べ方など、すべての所作をゆっくり行うことは丁寧な暮らし方にもつながります。

また、ながら動作も美しくありませんね。スマホ片手に食事をしている人も多くいますが、これも美しい振る舞いではありません。

もちろん時間がないので、仕方なく……という場合もあるでしょう。しかし、それであればさっと食事を済ませてから、スマホで情報収集をするなど、一つひとつの動作を別々に行うようにしませんか？

そういう意識を持って行動していくと、どのようなしぐさが美しいのかもわかるようになりますし、何より気持ちもゆったりしてきます。

そして、ゆったりとした振る舞いを目指すことのメリットは、他にもあります。

その一つが、時間の使い方です。

バタバタしないように10分前には会場についていよう、打ち合わせ前にメイク直しをするから早めに出かけよう、こういう余裕が生まれてきます。

早く到着しても待つのは嫌い、という方もいらっしゃるかもしれませんね（笑）。

そんな時は、普段忙しくて読めていなかった本を読む、初めて訪れる街ならば少し歩いて散歩してみる、そういったあなたの心が豊かになる時間の使い方をしてみてはいかがでしょうか。


時間は24時間、誰にでも平等にあるものですが、どう使うか、どう過ごすかで、その〝質〟は大きく変わります。

ゆっくりした所作はあなたに気品をまとわせるだけでなく、時間の使い方も大きく変えてくれるのです。

首にダイアモンドを飾るより、
テーブルにバラを飾りたい。

――エマ・ゴールドマン

一輪の花はあなたの心を晴れやかにする

春に美しく咲く桜を見ると、その美しさに心が和み、癒されるのを感じる方は多いのではないでしょうか。

また、誕生日やお祝いごとに花束をいただいて、花を部屋に飾った瞬間、部屋の中もパッと明るくなり、気持ちも明るくなった、そんな経験は誰しもが持っていると思います。

実際、花をもらったり、見たりすると、幸せホルモンであるドーパミン、オキシトシン、セロトニンという3つの物質が分泌されることが、研究からもわかっています。

また、千葉大学環境健康フィールド科学センターが行った興味深い研究結果があります。

ピンクのバラ30本を4分間見た時の、生理的リラックス効果を検証したものなのですが、バラのない空間を見つめた時を100として、バラのある空間を見つめた場合の数値を比較したところ、リラックス効果をもたらす副交感神経の活動が29％もアップ、さらには、ストレスを感じさせる交感神経の働きが25％もダウンしたそうです。
花があるだけでそれだけの効果をもたらすなんて、驚きではないですか？

たった一輪の花を飾るだけでも私たちの気持ちを癒してくれる、そんな花の力を生活に取り入れてみてはいかがでしょうか？


とはいえ、花を飾ったり、育てるのは苦手という方もいらっしゃるかもしれませんね。そんな方には観葉植物がおすすめです。

観葉植物は水やりも頻繁に行う必要はありませんので、楽に育てることができますし、小さな芽や葉が出た時の喜びは何ともいえません。

わが家には観葉植物がたくさんあり、常に緑に囲まれて生活しています。

朝起きて、フェイスマスクをしている間に水をあげたり、葉の状態を見たりするのですが、それだけでも心に余裕が生まれます。

一説によると、水やりをすることで、女性ホルモンが分泌されるそうです。

女性ホルモンはエストロゲン（卵胞ホルモン）とプロゲステロン（黄体ホルモン）という2種類のホルモンのことで、これらは女性らしい体つきや美肌、美髪などに大きな影響を及ぼします。女性ホルモンが減少してしまうと、肌荒れなどを招くのはもちろん、イライラしたり、情緒不安定になったり、精神的不調を招くことも。

女性ホルモンの分泌は20代後半から30代前半にピークを迎え、更年期を迎える45歳くらいからは激減し始めます。

意識して大豆製品をとったり、女性ホルモンを増やす食品をとっているという方も多いかもしれませんが、そんな方も花の力を借りてみてはいかがでしょうか？

たった一輪でも、花はあなたを輝かせるのです。

家は生活の宝石箱でなくてはならない

――ル・コルビュジエ

お気に入りの物だけに囲まれて過ごす

会社で嫌なことがあった、残業でクタクタ……心身ともに疲弊して帰宅するという方も多いかもしれませんね。

そんな社会の中で戦って帰ってくるあなたの部屋は、どんなお部屋でしょうか？

帰ってきたあなたがホッとできる空間ですか？

もし、今、あなたがくつろげない部屋だと思っているのなら、まずは何が原因かを考えてみましょう。

・部屋が狭いから？
・物が多いから？
・太陽の光が入らないから？

部屋が狭い、太陽の光が入らない、そういう理由であれば、それは引越ししか解決できる方法はないかもしれませんが、もし、物が多くて……というのが理由であるならば、それは解決できますよね？

いやいや、そう簡単に言うけれど、片付けられれば問題ないよ～という方も多いですよね。

では、あなたの今の部屋を見渡してみてください。

あなたのまわりにあるのは好きなものだけですか？

捨てるのがもったいないから、いつか使うかもしれないから、そういう思いだけで取っているものはありませんか？

もちろん、物を大事にすることは大切です。でも少し考えてみてください。

仮に、19時に帰宅して、23時に眠りにつくとしたら、その間だけでも4時間です。

週末を除いた日を月に20日としても、毎月80時間以上を自宅で過ごしているのです。

ここには睡眠時間は含まれていませんから、睡眠時間に週末の時間を入れれば自宅で過ごす時間はもっと増えていきます。

1日、1カ月、1年……それだけの時間を自宅で過ごすのです。

時間は無限にあるものではありません。

限りある時間、もしあなたが、物が多い部屋ですっきりしないと感じているならば、すっきりしない時間を持ち続けることはもったいないことだと思いませんか？

5000年以上の歴史を持つ、人間の暮らしをよくする学問である風水では、気のめぐりを非常に大事にしています。

好きでもないのに、ただもったいない、という理由だけで物が溢れていてはやってくるべき幸運もなかなかやってきません。

一つ物を捨てると、一つ幸せが舞い込んでくる。そう思うと、捨てること、つまり手放すことは自身の幸せに直結するのです。

思考だけではなく、物も手放すことが大事なのです。

あなたは睡眠中に
精神的な充電をしているのです。
適当な睡眠は、
人生の喜びのためにも活力のためにも、
欠くべからざるものです。

——ジョセフ・マーフィー

睡眠で美を磨く

前項で、部屋を自分の好きなものだけにすることのメリットをお話ししましたが、睡眠も美と健康には大事なものです。

人は睡眠に人生の3分の1を費やしていると言われています。そんな大事な睡眠。寝具を自然素材の心地よいものに変えたり、睡眠を促すアロマスプレーを枕にかけてみたり……幸せな気持ちで眠りに入ることで、翌朝の目覚めもすっきり。

一日を満たされた気分で始めることができます。

また、睡眠中は、私たちの生命維持に必要な成長ホルモンが分泌されます。

成長ホルモンは、身体や脳の疲労を回復させ、傷ついた細胞の修復や再生を行い、代謝促進や肌の再生に働きかけてくれる、美と健康には欠かせないものですが、成長ホルモンは眠りについてから約1～2時間の間に最も多く分泌されるといわれています。

ですから、このタイミングでよい睡眠をとることができれば、成長ホルモンの恩恵を上手に受けることができます。

「天然の美容液」とも呼ばれる「成長ホルモン」。良質な睡眠で、この恩恵を最大限に受けたいものです。

睡眠中は、昨日までの自分と今日の自分を入れ替える時

目覚めている時は自分で意識している顕在意識が働き、睡眠中は無意識の潜在意識が活動しています。

睡眠中は、その日の記憶や経験を整理しているのですが、それらは潜在意識の中で行われていることがほとんど。だからこそ、就寝時と起床時は特に、何をどう思考しているかが重要です。

じつは、寝る前の思考を意識するだけで、人生を大きく変えていくことができるといわれているのを、ご存知でしょうか。

たとえば、嫌なことを思い出してモヤモヤしながら眠りにつけば、その感情が潜在意識に蓄積されてしまいます。これでは、朝起きても気持ちの晴れない一日になってしまうでしょう。

逆に、夢や理想をイメージしたり、感謝の気持ちで心を満たせば、その感情も蓄積されていくのです。

わたしは寝る前に「小さな幸せ」を思い出し就寝するようにしているのですが、これをするのとしないのとでは、翌朝の清々しさが違ってきます。

潜在意識が、現実の世界を創っています。

もしあなたが「現実を変えたい」と望むのであれば、潜在意識の力を活用し、寝る前にこそ「よい気分」でいることを意識してみてはいかがでしょうか。

楽しい顔で食べれば、
皿一つでも宴会だ。

――プルデンティウス

裏ラベルを見る習慣を！

私たちの身体は私たちが食べたものでできている——よく聞く言葉かもしれません。どんなに高級な化粧品を使っても、エステに通っても、食生活が乱れれば、美を保つことはできません。

あなたは買い物の際、食品の裏ラベルを見ることはありますか？

食品の裏ラベルには原材料表示が記載されているのですが、よくわからないカタカナ文字は大抵、食品添加物です。

添加物は、発がん性、うつ症状、頭痛、内臓への悪影響、不妊症、記憶障害、視力低下、肥満など、様々な疾患を招く危険性があると推察されています。それにもかかわらず、残念ながら日本は世界一の食品添加物大国ともいえるほど、多くの食材に添加物が使用されているのが現状。

私たちが知らぬ間に口にしているもの、何気なく口にしているものの中に、大量の添加物が入っているとしたら？　想像すると、少し怖いですよね……。

とはいえ、今の日本において、添加物をまったく口にしないのは難しいことです。なぜなら、日本で認可されている食品添加物の数は約828品目（2023年時、指定添加物、既存添加物のみ）といわれ、コンビニやスーパー、飲食店など、私たちのあまりにも身近なところで、あらゆる食品に含まれているからです。しかし、添加物の量を見て、大量に含まれているものを選ばないようにするなど、とる量を減らすことはちょっとした意識でできます。

自分が何を口にしているのかを理解することは、あなた自身やあなたの大切な人のためにも、とても大切なことでもあるのです。

まずは、食品の裏ラベルを見る習慣をつけるだけでも、添加物を意識できるようになりますよ。

できたら避けたい危険な添加物

裏面ラベルに書かれた「原材料表示」は、重量の割合の多いものから順に記載されています。

そして、「／」のあとには添加物が表示されているのですが、こちらも添加物が使用量の多い順に書かれています。

ここにたくさんの名称が書かれていれば、それだけ多くの添加物を使用しているという証拠です。

数ある添加物の中でも、特に注意したい強い毒性のあるものがこちら。

- ：亜硝酸ナトリウム（ハムやソーセージ・明太子などの加工食品など）
- ：アスパルテーム、アセスルファムＫ（ダイエット食品などに使用される甘味料など）
- ：安息香酸ナトリウム、ソルビン酸カリウム（マーガリン、ハムやソーセージなどの加工食品など）
- ：タール系色素（たくあん、漬物、菓子類など）
- ：ＯＰＰ、ＴＢＺ防カビ剤（輸入フルーツなど）

すべてを避けることは難しくても、これらの表示がないかをチェックするだけで、危険な添加物を口にする機会はグッと減ります。

また、一気に無添加にしなくても、調味料から変えてみるというのもおすすめです。砂糖・醤油・味噌・みりん・酢・酒・ソース・マヨネーズなど、日常的に使う調味料を無添加にするだけでも、摂取量は少なくなります。

たとえば、安価であることからみりん風調味料を使っているという方も多いかもしれませんが、本物のみりんは自然の甘みがあり、料理の味わいを深めてくれます。

できれば天然醸造や天然発酵など、昔ながらの製法で作られており、余計なものが入っていないものを使うようにしましょう。

無添加生活を意識することで、素材そのものを活かして調理したり、できるだけ自炊を心がけたり、生活の質にも変化が表れるようになります。

また、添加物の少ない食事を続けていくと、素材そのものの味に敏感になり、繊細な味の変化を感じられるようになってきます。そうすると、食への感謝や関心も高まってくることでしょう。

ほんの少しの意識と知識を持って、あなた自身や大切な人の、美と健康を守っていきましょうね。

Chapter 4

過去、現在、未来はつながっている

この地上で過ごせる時間には
限りがあります。
本当に大事なことを
本当に一生懸命できる機会は、
2つか3つくらいしかないのです。

——スティーブ・ジョブズ

時間は未来から過去へ流れている

毎日慌ただしく過ごしていると、時間はあっという間に過ぎていきますよね。

つらいこと、悲しいことが多く、私の人生って……と思っている方もいらっしゃるかもしれません。

ここで、成功者の多くの方から聞く言葉をご紹介します。それは、

「**時間は未来から過去へ流れている**」

ということ。

この言葉を初めて聞いた方は「???」で頭がいっぱいになるかもしれません。

わたしも初めは、さっぱり理解できませんでした。過去があって↓今があり↓未来があるというのが、今の私たちの〝常識〟ですから。

でもこの説は、未来のありたい自分から逆算して、今の自分があり、過去があるということ。未来の自分がいるからこそ、現在の自分、過去の自分がいるということなのです。

この説の通り、時間が未来から過去に流れているのであれば、描きたい未来のために現在があり、過去の体験があると考えることができます。

つまり、ここで言いたいことは、もしあなたに夢やなりたい姿があるのならば、なりたい自分をいつもイメージしていこう！」ということ。

「なりたい自分をイメージする重要性は、私のセッションでも、特に熱くお伝えしています。なぜなら、このことは潜在意識に深く関与してくるから。

私たちは、1日に6万回もの思考を繰り返し行っています。その6万回は特に意識しなければ、心のクセによって埋め尽くされています。

心のクセとは、くよくよ考えたり、「いつもこうだ」と落ち込んだりする、私たちの奥底にある、ネガティブな思考のこと。「認知の歪み」と、言われることもあります。

もし、マイナス方向に考える心のクセが、形状記憶されているかのようについていたのなら、それをプラスに変える必要があるかもしれません。

まずは、自分が日頃どんな思考を持ちやすいのかを理解しておくこと。それを知った上で、心のクセをよいものへとすり替えていくこと。それが大事です。そして、この作業の過程で必要なのがイメージ力なのです。

もしあなたが今、つらい現実と向き合っている最中ならば、それは未来のための通過点であり、今あることはすべて未来につながるためと、考えてみてはいかがでしょうか。

そして、その未来は、あなたが設定した通りになるのです。

世界はいつだって、自分自身が創造しているのですから。

あなたが今、
夢中になっているものを大切にしなさい。
それはあなたが真に求めているものだから。

――ラルフ・ワルド・エマーソン

未来は思考で創られる

あなたには、どうしても叶えたい夢はありますか？

自分の夢を叶えたいという欲望は、生きる上で、また自分を輝かせてくれる上でも大切なエネルギーです。そしてエネルギーが強ければ強いほど、それだけ願いを叶えられる力も強いということにもなります。

夢を実現させるにはそういった熱量と同時に、「意図」が必要となります。

なぜそれをやりたいのか？　それを得た時に抱く感情はどんなものなのか？

自分自身に質問して、「意図」を明確化していくことはとても大切です。

まわりが勧めるからだとか、ただ何となく……では、夢を叶えることは難しいでしょう。たとえば、知らない街へ行く時、ナビを使って、カーナビで目的地を設定しますよね。目的地もなく、ただ車を走らせているだけでは、ガソリンをばら撒いていることと同じです。夢や目標も同じ。目的地への設定が必要なのです。

つまり、得たい願望を明確にして、そこへ進むまでの最適なルートを考えて行動することで、夢は叶えやすくなるということなのです。

でも、夢をいち早く叶えて思考を現実化させるためには、それだけ〝思考の量〟が必要です。なぜなら、思考は積み重ねてこそ、現実化するから。

そして、24時間という決められた時間の中で、何をどれだけ思考するかによって、夢を実現する速度は変わってきます。

「あっちもいいな？　こっちもいいな？」という願いが多ければ多いほど、当然、思考の量は分散されてしまいます。たとえるならば、コップ（願い）はたくさんあるけれど、コップの中には少しずつしか水（思考）が溜まっていかない、そんな状態。

これでは叶えるまでに時間がかかり、たとえ夢に近づいていたとしてもそれに気づかずに、諦めてしまうなんてこともあるでしょう。願望実現には、溢れるほどの水が必要なのです。ですから、理想の未来を叶えるには、自分の本当の望みが何なのかをまずみつけ出し、そして本当に叶えたいものへ向かって集中することが大切です。

また、願望が叶っている未来をイメージすることは、夢に近づくための最強ツールとなります。

わたしたちの持つイメージ力を、過小評価してはいけません。願望を繰り返しイメージすることで潜在意識に深くすり込まれていき、脳はそれがまるで叶っているかのような錯覚を起こします。すると、無意識のうちに行動にも変化が表れ、願望の現実化が早くなるのです。願望実現は、「叶っているかのように振る舞う」、がカギです。

より強いイメージを持ちたい時は、すでにその願望を叶えている人を観察し、その人の感覚や価値観に触れることです。

たとえば憧れの人のファッションや持ち物を真似してみたり、セミナーや講演会などリアルで会える機会があれば、会いに行く機会を作ります。そうすることで、より強固なイメージを創り出すことができ、潜在意識に強烈にインプットしていくことができるのです。

特に今、叶えたい夢が思い当たらないという人も、どんな自分でいたいかを考えてみることで、望んだ未来に進んでいくことはできます。

どんな時も、自分の思考が目の前の世界を創り出しているということを忘れずに進んでいきましょうね。

どんな夢も、
それを追う勇気さえあれば、
実現できる

――ウォルト・ディズニー

夢が近づいてくるサインを見逃すな！

夢を叶えたいなら、思考を溢れるほど溜めて、思考をコップいっぱいにする必要がありますが、思考のコップを溜めている段階で、「夢まであと少し！」という、夢が近づいているサインを受け取ることがあります。

夢が近づいているサインは、遠くにあったものが、段々とこちらへ近づいてくる感じとよく似ています。初めは薄いけど、だんだん濃くなっていくようなイメージ、小↓中↓大といった感じでしょうか。

たとえば、「料理教室を開きたい」という願望があったとします。すると、それに関連した現象が起こり、初めは小さな出来事として現実化します。

（現象が近づいてくる例）

↓

テレビやラジオでたまたまつけたチャンネルが、料理関係の番組だった。

雑誌の特集やSNSの広告で、料理教室関連の記事を目にするようになった。
↓
料理を仕事にしている友人が増えた。
↓
食品メーカーの人と知り合い、いろいろな情報が入るようになった。
↓
そのメーカー主催のパーティーに参加したら、実際に料理教室を立ち上げて成功している人と知り合いになった。
↓
実際にその人の料理教室に参加し、ノウハウを学んだ。
↓
アドバイスや手助けをもらい、念願の料理教室を開催することになった。

この場合、自分が欲しい未来をすでに持っている人との出会いが大きいのですが、じつはそれすらも、自分の思考で引き寄せているもの。

必要なご縁や情報、意識を向けたものが次々とやってくるような現象、つまりシンクロニシティが起きているのです。

そして、実際に叶えている人の運営の仕方や生徒さんとの会話、使う食材などを吸収し、より自分の中でイメージが鮮明になったからこそ、思考のコップが溢れて現実化したのですね。

夢が叶う前兆ともなれば、イメージはより鮮明に見えるようになり、今までぼんやりとしか見えていなかったものも、色や形、空間などの細部まで、見えるようになってきます。ですから、イメージや感覚をより強固にするためには、願望の先の、「本当の望み」を明確にしておくとよいでしょう。

たとえば先ほどの例でいうと、「料理教室を開きたい」という願望があるけれど、なぜそれをしたいのか？　どんな目的があって、それにどんな意味があるのか？　などを、自分に問いかけながら明確にしていくのです。すると、あなたの最終的な願望がわかるようになります。

同じ「料理教室を開きたい」でも、人それぞれ本当の望みは変わってきます。

(例)「本当の望み」

A食に対して知識を深め、家族や友人の健康を守る人を増やしたい。

B料理が得意だから、得意なことでお金を稼ぎたい。

C人気料理家の肩書きを持ち、テレビや雑誌で活躍したい。

「料理教室を開きたい」だけをみると、AもBもCも同じなのですが、それぞれの思いは変わってきます。一見すると一つの願望と捉えがちですが、その先の「本当の望み」こそが、あなたの最終的な願望なのです。

そして、私が、未来をイメージする際に大切にしていることは、「五感を感じる」ということです。

たとえば、「こんな家に住みたいな」という夢があったとしたら、その家のリビングで音楽を聴いている。屋上で、風を浴びながらワインを飲んでいる。玄関に花を飾って、その香りを嗅いでいる。リビングのテレビで、サッカー観戦をしている。お風呂上がりに、大好きなアイテムを使ってセルフエステをしている、など。

実際に体感しているかのように、細部まで感覚を感じるトレーニングを続けるのです。面白いことに、脳はイメージを1％の事実として捉えると言われていますので、イメージすればするほどその情報は潜在意識に蓄積されていきます。1％が2％となり、2％が3％となって積み重なっていくのです。

もちろん、初めのうちはぼんやりとしかイメージできません。でも繰り返し行っていくうちに、実際に匂いを感じたり、風の感覚を味わったり、五感に感じられるほどにまでなってきます。そうして積み重なった思考が、やがて現実世界となって現れる……実際、わたし自身、何度も経験しています。

イメージ力が高まっていくのも、イメージが鮮明に見えてくるのも、そのどちらもが、願望実現の前兆なのです。

思考が現象化して近づいている時は、初めは小さなサインなので、見逃しがちです。ですから、夢が近づいているサインに、敏感に気づき、捉えることが大切!!

チャンスを逃さず、あなたの本当の望みを実現してくださいね。

ほんとうに大胆な冒険は、
自分の中からはじまる。

——ユードラ・ウェルティ

自分にはもっと何かできるはず。だけど一歩踏み出すのが怖い

新しいことを始めようと思っても、一歩を踏み出す勇気が持てない。

クライアントさんにもこのような悩みをお持ちの方は、多いように感じます。

人間には、現状を維持しようと働く、「ホメオスタシス（生体恒常性）」という機能があります。これは変化を嫌い、本能的に現状を維持しようとする心理のこと。

たとえば、あなたがスキルアップのために転職を考えたとします。すると、潜在意識は、「給料も福利厚生も人間関係もいいのに、なぜ転職するの？」「新しいところに行ったって、スキルを磨けるとは限らないよ。それに、嫌な人がいたらどうするつもり？」なんて囁いてきて、あなたが変わろうとすることを全力で止めてきます。しかも、95％の力を持つ潜在意識の力は強力です。たった5％の顕在意識は、あっという間に抑え込まれてしまうのです。

ですから「変わりたい」と思ったとしても、ブレーキがかかるのは人間の本能的な働きであって、当たり前のことなのですね。でも、この囁きにもめげず、ここを突破

できると、人生は大きく変わってくるのです。

誰しも失敗は怖いものです。それゆえ新しいことにチャレンジできないこともあります。常識やルールにこだわりがある方、完璧主義の方も、失敗することを必要以上に恐れるようです。

この場合、クリアできそうな小さな目標に設定し直し、はじめの一歩を踏み出しやすくすることも大切です。

また、周囲の目を気にして、一歩を踏み出せないという方もいます。周囲の目の何が怖いのかを聞くと、「失敗してバカにされるのが怖い」と言います。

自分を変える一歩を踏み出すために、必要なこと……それは「決めること」です。シンプルすぎて力が抜けるかもしれませんが、でもそうなのです。決めること、設定すること、そして何より行動すること。

まわりの声にふりまわされず、自分の人生にとって大切なことだけをやる！　これだけです。

夢の実現は、実はとってもシンプル

わたしは今から約20年前、会社を辞めて起業をしました。当時のわたしは、今までの経験や技術を活かし、よりよいレベルのサービスを提供したい！　と意気込んでいました。

もちろんビジネスに失敗はつきものですし、お客様が来てくれなければ、借金も残るかもしれません。

失敗すれば、「ほら見たことか」と、周囲に笑われるかもしれません。でも、「形にしたい！」「実現したい！」という思いがどんどん溢れ出てくると、不安や恐怖の感情を忘れてしまうのですね。

実は、夢を叶えるって、そんなシンプルなものなのです。幾度となく危機はありましたが、その都度「ダメならまたやり直せばいい。やり直そうと思う力が、何より大事なのだから」と、自分に言い聞かせていました。

「自分にはもっと何かできるはず」。この思いは自分の可能性を自分でも気づかないところで知っているという証拠です。

そもそも、一歩踏み出す勇気を持ち合わせているということを、潜在意識は知っているのですね。

そして、これまで何度もお話ししてきたように、潜在意識には、過去、現在、未来という時間もなければ、空間もありません。

達成した気分を想像して味わうことは、未来の理想の自分が、今の自分へ教えてくれるということ。

少し複雑ですが、そんなふうに捉えてみてください。つまり、そうなる前提を思い描くことが、一歩を踏み出す勇気へとつながるのです。

ここで一つワークをご紹介します。次ページにある質問を具体的に想像してみてください。それによってあなたのやりたいことや夢が明確になるはずです。

Work

あなたの夢が明確になるワーク

もし新しい自分になれたとして、1年後のあなたは何をしていますか？

どんな仕事をしていますか？

収入は？

住まいは？

家族やパートナーは？

1年後の自分を見て、あなたはなんと言ってあげますか？

たとえば「すごく楽しそうに仕事しているね」など、それをノートや紙に書き出してみましょう。


次に少し時間が経過して、3年後のあなたは何をしていますか？

あれから何が変わって、どう過ごしていますか？

3年後の自分を見て、あなたはなんと言ってあげますか？

それを、ノートや紙に書き出してみましょう。

何をするにも時間は見つからないだろう。
時間が欲しければ自分で作ることだ。

——チャールズ・バクストン

女性が人生を楽しむためには

今は国内だけにとどまらず、海外でも社会で活躍する女性が増えてきました。

自分らしくイキイキと過ごすことを目指す一方、「女性はこうあるべき」という固定概念も、まだまだ根強いもの。

「本当に幸せな女性の生き方」にはまだまだ多くの課題があるようです。

日本では、「女性は男性の3歩下がって歩く」という言葉があります。

この言葉の由来は、江戸時代から「武士たるもの、男と女が人前で一緒にいること自体が悪である」という思考が深く根付いていることにあるのだそう。

ジェンダーレスの時代に信じられない考えではありますが、ただ、現代でも女性の立ち位置は、男性の数歩後ろにあると思っている方もまだまだ多いかもしれません。

ずいぶん変わってはきましたが、職場の上司はまだまだ男性が多いし、何かトラブルがあると出てくる「上」というのも男性。物事の交渉事も、女性より男性のほうがスムーズに進みやすい。

1985年に男女雇用機会均等法が制定され、仕事をバリバリこなしている女性も多くいます。けれども、そもそも女性という生き物は、「矢面に立って戦え！」という生き方はしてこなかったのです。

古くから「男性の数歩後ろを歩きなさい」と、男性優位な教えを受けてきたのにもかかわらず、「女性も戦え！」とは、なんともアンバランス……。

それでも、働く女性の多くは、社会において、勇敢に立ち向かいます。

「女性のくせにかわいくない」

「女は大人しくしていろ」

今の時代、こんな言葉をかけられることはないと思いますが、そんなふうに思っているのだろうなと感じることは多々ある……。

働く多くの女性が傷つきながらも、そんなことには目もくれず、進み続けます。

厚い鎧をまとい、女性の心や身体であることを見て見ぬ振りをして、戦い続けています。そして、戦場から帰った女性たちを待ち受けるのは、やはり女性としての役割。

家事や育児、親の介護……「それも、女性の仕事だから」と納得し、淡々とこなしていく。

女性の人生の中では、結婚、出産、育児、仕事、介護など、様々な役割を担う必要性があります。どの役割にもかかわっていくためには、大きな変化や選択を迫られることもあります。

昔は、趣味の読書、スキンケア、たまに受けるエステなど、自分にかけていた時間もいつの間にかなくなり、やがて女性であることも忘れてしまうような、めまぐるしく忙しい日々が続く場合もあります。

こんなふうに歯を食いしばり、頑張り続けている女性が、いかに多いことか……。

「頑張り屋の女性」は、誰かに頼ったり、お願いすることが苦手です。自分の感情にはそっと蓋をして、周囲には明るく接することが得意です。

そして、ほんの少しでも張り詰めた心が緩むことで、明日も頑張れる強さも持ち合わせています。

私の大事な友人に、

「私たち女性は、人の経験を聞くことが人生の道しるべになるのではないか？」

そう考え、声をあげた女性がいます。

Asia Golden Star Award、女性企業家賞も受賞された、網野麻理さんです。

彼女は、大手カード会社入社後、ＶＩＰのコンシェルジュとして活躍。

これまで延べ16万人以上の顧客対応の経験からエグゼクティブとの信頼関係を構築する独自のコミュニケーション術を確立。独立後はサービス品質のコンサルティング、高級ブランド店での接客指導、品質調査、エグゼクティブコーチング、おもてなし資格の授与など、女性が自分らしく輝き活動できるよう、全国で活躍している方です。

そして、「ありのままの自分を受け入れ自分の強みを社会に発揮していく」。

素敵な女性を増やすために使命を伝える麻理さんは、女性の目から見ても魅力的な女性です。

「ありのままの自分を受け入れて強みを発揮する」ことに対して、「一人で頑張らずにチームでやっていこう！」というのが麻理さん流。

チームメンバー一人ひとりの声に耳を傾け、個々の成長を促しながら社会との繋がりを作る、新時代のリーダーです。女性ならではの共感性や協調性、親和性、そして母性を強みにし、「真の信頼関係」を築いていくことを何より大切にしています。

麻理さんとは数カ月かに一度程度、お互いの近況をシェアする時間をとっています。特に頻繁に会うわけではありませんが、いつも心の中にそっといてくれる存在。そんなふうに感じています。それはお互いが相手の状況や感情を想像し、寄り添うことや、応援をし合うことができるからなのでしょう。

彼女の行動や言動を見ていると、戦うのではなく、強がるのではなく、女性ならではの強みを活かして進んでいこうという、確固たる覚悟を感じます。

たおやかに、凛々しく……その姿がなんとも美しく、麻理さんを見ていると、真の女性の美しさとは、内面から溢れるものなのだと、感じざるを得ません。

さて、あなたはどうでしょう？　一人で頑張りすぎていませんか？

垣根は相手が作っているのではなく、
自分が作っている。

――アリストテレス

人間関係が好転！　相手は自分を映し出す鏡のような存在

思考に気をつけなさい、それはいつか言葉になるから。
言葉に気をつけなさい、それはいつか行動になるから。
行動に気をつけなさい、それはいつか習慣になるから。
習慣に気をつけなさい、それはいつか性格になるから。
性格に気をつけなさい、それはいつか運命になるから。

これは、貧困や病に苦しむ人々の救済に生涯をささげた修道女・マザーテレサの有名な言葉です。

これまで、マインドを変え、身体を整える方法をお伝えしてきました。マインドを整えることで思考も行動もポジティブに変わります。しかし、自分だけではなかなか解決できず、悩んでいる方が多い問題が一つあります。それが「人間関係」です。

人間関係も「思考」で変わる！

ママ友、ご近所さん、職場、取引先、友人……私たちは日頃からたくさんの人とかかわりながら生活しています。

いいことだけなら問題ないのですが、相手の思考や行動に対して、イラッとしたり、つい頭にきてしまうこともあるかもしれません。そして悔しかったこと、悲しかったことが頭から離れず、心はどんどんモヤモヤしたものに占領されていく……。こんな経験、みなさんおありだと思います。

心理学では、よく「相手は自分を映し出す鏡」といいます。

これは、相手に感じる嫌なところは、自分も持っている要素だということ。

誰かとどうしてもうまくいかない……そんなこともありますよね。たとえば、「細かくて神経質」という相手への不満があるとします。

でもその不満は、あなたにも「細かくて神経質」な要素があるから、相手を投影して見えてくるのですよ、というものですが……そんなふうに言われたら、あなたはどう思いますか？

ちょっとモヤモヤしますよね。この解釈だと人によっては余計な罪悪感を抱いて、ますます複雑な状況に陥る可能性もあります。

「相手は自分を映し出す鏡」とは言いますが、相手に見る嫌な部分が、自分にもあるとは必ずしも言えないものです。

ここでいう「鏡」とは相手と同じものを持っているということではありません。そこから映し出されたものを見て、自分が何を感じるかが大切、ということなのです。

人は同じものを見ても、感じ方はそれぞれ異なります。「細かくて神経質」も、人によっては「誰も気づけないことによく気づく」という解釈になるかもしれません。

では、なぜ自分は、相手を「細かくて神経質」だと思うのか？　たくさんある相手の要素の中から、なぜその部分だけが気になるのか？

そんなふうに考えてみると、その問題点は相手にではなく、もしかしたら自分の心の奥底にあるのかもしれません。

内なる思考がわかったあなたにはいいことしかない！

自分の心の奥底にあるとはどういうこと？　やっぱり自分も持っている要素なのでは？　いえいえ、少し解説させてください。

これはどなたにも共通していえることなのですが、人は「自分が持っている思考」しか投影できません。

相手から見せられる現実は、あなたの内側の世界が大きな映画のスクリーンとなって、映し出されているようなもの。つまり、あなたの内なる思考が投影されたものということなのです。

内側の自分自身を見て、そこからあなたは何を感じますか？

もしかしたら、相手に見たネガティブな要素は、子どもの頃に感じた一つの出来事が引っかかっているのかもしれません。

お友だちに「細かすぎる」と言われて傷つき、以来そのことに対して敏感に反応しているのかもしれません。そんなふうに過去を遡《さかのぼ》ってあなたの古い記憶からそんな思考をみつけられたら、じつは大きなチャンスです！

なぜって、みつけられただけでも癒しは始まりますし、もしプラスに変換することができれば、あなたの心はもっと楽になっていくに違いないから。

自分の内側を見つめていくことは、自分にしかできません。

相手の嫌だと思う要素は変えることはできませんが、自分自身の物の見方は変えることができます。それこそが「人は自分を映し出す鏡」の、本当の意味なのです。

あなたの内側の世界（自分）が変われば、外側の世界（相手）は必ず変わります。

望む現実を、自分自身で創り上げていきましょうね！

あなたには、その力があるのですから。

猫はこの世でもっとも優美で、しなやかで、
セクシーで、まこと甘美な生き物だ

――キャロル・ローレンス

自分らしく自由に！ キャットブレインな生き方

あなたは、猫が好きですか？

わたしは人生のほとんどの時間を、猫と共に生きているほど、猫に魅了された人間の一人です。ですから猫の生態については少しだけ詳しいので、まず猫の持つ性質や思考についてお話しさせてください。

猫って、マイペースで我が道を生き、群れるのではなく単独行動が得意。

イヤなことは絶対にイヤだし、決して服従しない。

媚びないいし、誰かや何かに流されることもない。

基本的に寝たい時に寝て、遊びたい時に遊ぶ。

触られたくない時はフッと避けて、自分が甘えたい時だけ寄ってくる最強のツンデレ。

ワガママだけど繊細で、洞察力に優れている。

縛られることなく、自由気ままで、好奇心旺盛。

狩りに失敗しても、起こったことにくよくよしない。

未来志向で、過去を振り返らずに、いつでも前を見ている。

そして神秘的で、掴みどころのない魅力がある、不思議な生き物。


個体差はあれど、猫の性質ってだいたいこんな感じで共通しているのではないでしょうか。


猫に魅了される人もいれば、猫は気まぐれだし、苦手という人もいるかもしれませんが、でもじつは猫的な生き方は、私たち人間も見習うところがあると思います。

自分を信頼し、柔軟な価値観を持ち、誰かのためではなく、自分が主役の人生を生きている。

私はこのような生き方をする思考を、「キャットブレイン」と呼んでいます。

『キャットブレイン的7つの思考』

1・多様性を尊重する

自分の価値観を大切にする人は、他者の価値観も尊重します。

一人ひとり感じ方や考え方、身体の機能や大きさ、得意なことや不得意なこと……人と違って当たり前だということを知っているので、価値観に縛られることなく、自由に生きることができます。たとえ目の前の人より能力が劣っていたとしても、自分の得意なことを知っているので、落ち込むことはありません。

人との関係性に優劣をつけず、自分の考えをしっかりと持ち、違いを認め合うことができるのです。

とはいえ、あなたが、「お姉ちゃんなんだからしっかりしなさい」「女性なんだから女の子らしくしなさい」など、他者の価値観を植えつけられるようなことがあると、「○○だからこうする」という価値観になりがちです。

もっと猫的な自由な思考で、時には自分の気持ちに正直に、「本当の自分はこうなんだ」と主張してもいいのです。

2・群れない

犬が群れを作って生活をしてきたのに対し、猫はつねに単独で狩りをしてきました。「自分は自分、他人は他人」という線引きができているため、単独行動が苦になりません。グループで群れることもないので、リーダー的存在の人に従ったり、仲間外れにされることもありません。しかし、通常群れは作らないものの、時に仲間と助け合うことができる柔軟さも持ち合わせています。

誰かと繋がっていないと不安、常に携帯を手放せないという方も多いようですが、猫のように、ひとりを楽しんでみませんか？

誰にも気を使わず、自分の時間を楽しむことができるようになると、人生の質が向上します。

おひとり行動が苦手という方は、まずはカフェや映画鑑賞から始めてみてはいかがでしょうか。

3・周囲の評価は気にしない

猫だけではありませんが、動物は本能の赴くままに行動します。同じように、周囲の目や評価を気にしない人は、ありのままの自分を認め、大切にしているので、仮に人に評価を下げられることがあったとしても、気になりません。ですから「嫌われたらどうしよう」と思うことも、思ったこともないのですね。

過剰に周囲の評価を気にすることは、まわりの人の考えに左右された人生を歩むことになります。たった一度の人生、他人の期待に応えようとするのではなく、自分の人生をどう生きていきたいのかを考えることは大切です。

誰かのためではなく、自分自身が心から喜び、幸せを感じられる人生にしていきましょう。

4・媚びない、流されない

猫は人間に媚びません。飼い主だからといって、忠誠を誓う習性はないのです。だからといって懐かないというわけではなく、好きな人や信頼している人には甘えてくる。その媚びないところも、魅力の一つです。

一方、人間社会では、相手に気に入られようと、ご機嫌をとったり、媚びを売る人もいます。

人に気に入られようとするのは悪いことではありませんが、「媚びる」行為の裏には「下心」があるものです。自分にとってメリットのある人にはゴマをすり、自分の立場をよくしようとしますが、これは「嫌われたくない」心情の表れでもあります。嫌われたくないがために、人の顔色ばかりを窺《うかが》います。

このような人は、幼少期の体験で、親の顔色を窺っていたことが、大人になった今も残っていることが多いのです。

「誰からも気に入られようとしなくてもいい」、そんなことを言われてもすぐにそうは思えないという方も多いでしょう。でも、100％すべての人が自分のことを好きでいてくれるはずはないのです。

「2対7対1の法則」というものがあります。これは、あなたのことを無条件で好きになってくれる人が10人のうち2人くらい。どちらでもない人たちが7人くらい。そして無条件に嫌う人が1人いるということ。

100％好かれるはずがない、そう思うと、気持ちも少しラクになりませんか？

5・悩まない

思い通りの狩りができなかったとしても、猫は悩むことがありません。失敗に対していつまでもクヨクヨしていると、次のチャンスを逃してしまいます。

キャットブレインな考えができる人は、失敗をすることで学習し、その経験を活かすことで、自らを成功に導いていくことができると知っています。ですから、失敗したことを「恥ずかしい」と思ったり、周囲の反応を恐れることもありません。誰かの評価ではなく、自分の基準のみで選択していくため、迷わないし、悩むことがないのですね。

他人の考えや意見に左右されず、自分の意志を大切に行動することは、自分らしい幸せな人生にとって必要不可欠です。

もし、あなたが悩みやすく、決断力に欠けるところがあると思うのなら、小さな決断を積み重ねるトレーニングをしてみてください。

たとえば、ランチのメニューを30秒以内に決めるとか、仕事帰りに外食するか自炊するかなど、些細なことでも選択と決断を繰り返すことで、悩みやすい体質が改善されていきます。たとえ決断に失敗したとしても、選択できた自分に対し自信を持つことができるようになります。

6・自己肯定感が高い

猫は確実に無理だろうという高さの棚でも、果敢に挑んで飛び乗ろうとすることがあります。これは失敗を恐れないマインドも強いのですが、自分の可能性を誰よりも信じているからなのでしょう。

自分の長所や短所、得意不得意を理解した上で、ありのままの自分を認めている方は、自己肯定感が高く、常に未来志向です。

自分に絶対的な自信を持ち、自分を信頼できることは、最強のマインドを手に入れているようなもの。どんな時も自分の味方は自分です。自分を信じることはすごいパワーに繋がるのです。あなたにもちゃんとそのパワーが備わっています。自分を信じて進んでいきましょう。

7・自分の意見を持っている

冒頭でお話ししたように、猫は、イヤなことは絶対にイヤだし、誰かや何かに流されることのない生き物です。

わたしたち人間も、自分で考え、自分の信念を持つことは大切です。

「みんながこうだから」ではなく、「わたしはこう思う」と主張できることは、精神的な自立にも必要なことです。

自分がそれをやりたいか、やりたくないか。自分にできるか、できないか。これでいいではなく、これがいいのか。感情と向き合って答えを出し、それを伝えられる意思を持つことは大切です。揺るぎない信念を育み、自分の足で人生を切り開いていくことができる。これこそが、人生の醍醐味《だいごみ》なのです。

これまで7つのキャットブレイン的思考をお伝えしましたが、いかがでしょう。

私たち人間は、さまざまな情報の中で、そして複雑な人間関係の中で、思い悩むことも多いものです。でも、そんな時はこの7つの思考を思い出してみてください。

少し難しいことにチャレンジしてみたり、ひとりで楽しく過ごしてみたり……。

あなたが幸せになる行動に繋がっていけば嬉しく思います。

おわりに

最後までお読みいただき、ありがとうございました。

本書は「美しさ」というものを通して、これからの生き方や今の自分自身のあり方に迷ったりした時に手にとっていただけたら……。その思いで、書き下ろしました。

女性の人生は、自分ではコントロールできない環境により、変化が多いものです。パートナーや家族、子どもなど、自分よりも優先すべきことが増え、自分が望む人生を歩むことは難しいと感じる方もいるかもしれません。

もしかしたら、自分のケアができないことで、苛立ちを覚えることもあるかもしれません。余裕のない毎日に、焦りを感じることもあるかもしれません。

けれども、「美しさ」は姿形ではなく、いつでも、あなたの心にあるものです。

一人ひとり個性や容姿が違うように、人それぞれの「美しさ」というものがあります。

あなたにしかない魅力や輝きは、溢れるほどたくさんあるはずです。その魅力を自分自身でしっかり受け取り、自信を持って、人生を謳歌《おうか》する方が増えてくれたらと、願っています。

この本を通して、あなたの持つ本当の魅力に気づき、あなたなりの「美しさ」をみつけていただけたら、そして少しでも心が軽くなった、一歩踏み出す勇気がもらえたと感じてくださるのなら、これほど嬉しいことはありません。

最後になりますが、処女作から始まり、今まで4冊の編集を担当してくださった、サロン・ド・レゾン代表の金本智恵さん。

「この企画をぜひやりましょう！」と形にしてくださった、Clover出版の蝦名育美さん。

ここまでご尽力いただきまして、本当に感謝しています。

多くの方が自身の心と身体の美しさに気づき、あなたらしく人生を創造していけますように。

本書が、いつまでも美しく輝き続けたいと願う、あなたの一助となれたら、嬉しく思います。

出口アヤ

【著者紹介】

出口アヤ Aya Deguchi

一般社団法人　国際セルフエステアカデミー代表理事
心美容カウンセラー

美容健康業界歴30年で2万人以上の施術を行う。
会員制高級スパを経て麻布十番でサロン経営をするも、手の持病の発症により施術者の道を断念。その後、自分自身の手で美を磨く『セルフエステ』を開発。簡単にできるにもかかわらず即効性があるその手法は、広く認知され、第一印象が変わった、小顔になったなど、多くの方に好評を博す。
これまで国内外でセミナー、講演、企業研修を行い、のべ4万人の方とかかわる中で、真の美しさを手に入れるためにはメンタルの重要性を実感。美容に関する知識を深めるほか、心理学も学び、心と身体の関係など、人が幸せに生きる方法を模索。特に、女性の生き方について探求した結果、ナチュラルリーディングセッションが誕生、相談者が一歩踏み出すためのサポートを行うなど、「女性の美としなやかな生き方の創造」を使命とし、活動している。
著書に、『ビジュアルでわかりやすい30秒セルフエステでオンナを磨く』（三笠書房）『表情ひとつ、たった5分で見違えるほど変わる！お金と人を呼ぶ表情』（ベストセラーズ）などがある。

[Instagram] https://www.instagram.com/ayabyonbyon/
[Facebook] https://www.facebook.com/ayabyonbyon
[Ameba オフィシャルブログ] https://ameblo.jp/stop-aging
[オフィシャルサイト] https://deguchi-aya.com/

[公式 LINE]

本書の内容に関するお問い合わせは
info@cloverpub.jp あてにメールでお願い申し上げます。

Love Yourself

“わたし”の心と身体を癒して、自分らしく、しなやかに生きる！

初版1刷発行 ● 2024年2月20日

著者
出口 アヤ

発行者
小川 泰史

発行所
株式会社Clover出版
〒101-0051 東京都千代田区神田神保町3丁目27番地8　三輪ビル5階
Tel.03(6910)0605　Fax.03(6910)0606　http://cloverpub.jp

印刷所
日本ハイコム株式会社

ISBN978-4-86734-202-2　C0095